U0015280

LOOK for Village

1

橋仔村

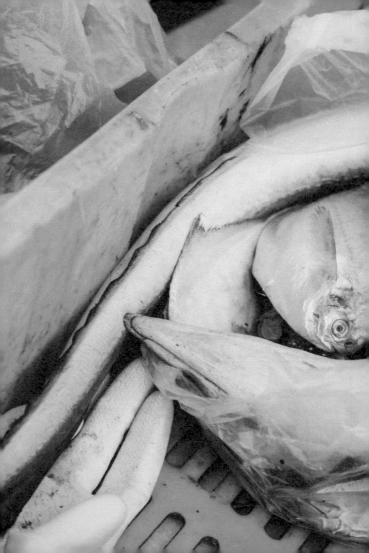

CONTENTS

9

CONTENTS

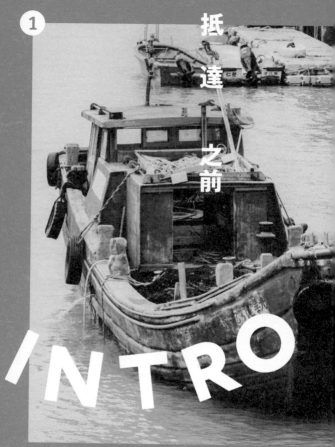

1

抵達之前

INTRO

撰文●蕭宇哲・攝影●安比

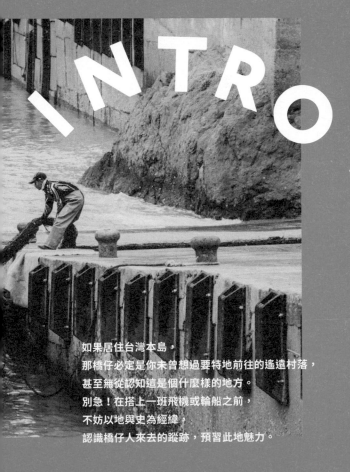

INTRO

如果居住台灣本島，
那橋仔必定是你未曾想過要特地前往的遙遠村落，
甚至無從認知這是個什麼樣的地方。
別急！在搭上一班飛機或輪船之前，
不妨以地與史為經緯，
認識橋仔人來去的蹤跡，預習此地魅力。

INTRO

去橋仔

距離台灣本島西北約 211 公里處,馬祖列島散落在台灣海峽的邊陲,橋仔村便藏身於列島之中。

島嶼總數量	距離台灣約	總面積共計
36 個	**211** km	**29.6** m²

南竿鄉 ————————•

西莒

莒光鄉 ————

東莒

馬祖列島
26° 09'04"N ｜ 119° 55'38"E

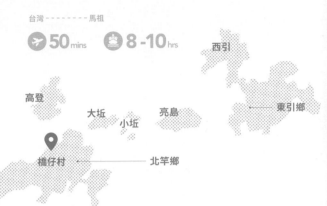

台灣 ------- 馬祖

✈ 50 mins 🚢 8-10 hrs

西引

高登

大坵　　　亮島　　　　　東引鄉

小坵

橋仔村　←————————　北竿鄉

　　馬祖列島隸屬連江縣，由南竿、北竿、東莒、西莒、東引等五個主要島嶼及其他 30 餘小島組成，總面積共計 29.6 平方公里。其中位於列島中心偏北側的北竿，不論自南竿乘船至白沙港登陸，或於台灣搭機降落於塘岐北竿航空站，一旦踏上此地，即能感受到其地勢坡度甚陡、起伏不止，就如同馬祖其他島嶼一樣。而沿陡峻的環島幹道向北，在島的西北角，臨著馬祖最高峰「壁山」，坐落著與中國福州市黃岐半島對望的橋仔村。

HERE!

INTRO

在橋仔

　　橋仔，是馬祖話「小橋」的意思，展現橋仔村因地處壁山下，泉水多匯流於村中而小橋眾多的景象。橋仔村西臨芹壁，東向塘岐。出海向北，可至大坵島、高登島，直至東北較遠處的亮島。朝西北僅約十公里，即是黃岐半島，故橋仔村為北竿重要的交通樞紐，同時也是昔日重要的漁場、對周邊聚落的漁產中心、對中國的貿易對口、對高登島與亮島的軍需補給站等。橋仔村內以牛欄裡、大坪頂、阿南境、南面山四個區域組成。現在的橋仔居民以大坪頂、牛欄裡為主要生活區域，多數住宅、店家、廟宇皆位於此。而又稱為下南境的阿南境，以及南面山一帶，則是過去閩南移民生活之處，居民現多已搬離，留下的房屋經過整治後彷彿時光停留，仍保存過去的生活痕跡。

N

HARBOR

小澳

白馬大王廟

牛欄裡

廣場

BUS STOP

女帥宮

大坪頂

大澳

三合殿

正乙玄壇公廟
山西豐台公廟
玄天上帝廟

五間排

探花府
田元帥

白馬尊王廟

五靈公

南面山

阿南境

環島北路

環島東路

往塭岐

BUS STOP

往芹壁

往壁山

橘仔村有 ▶ ▶

1× 雜貨店	1× 地方文化館
1× 黃金餃小吃攤	1× 廢棄小學
1× 農漁產品企業社	1× 海巡署安檢所	8× 廟
1× 漁業展示館	2× 公車站牌	8× 民宿

橋仔小史

北宋中期	▼	已有中國沿海居民生活於北竿
明朝初期	▼	實施海禁政策
明朝中期	▼	海禁政策解除
1661 清順治 18 年	▼	清順治實施遷界令
1836 清道光 16 年	▼	清廷大舉肅清海盜
1949 民國 38 年	▼	國民政府成立馬祖守備區指揮部

臨近中國沿岸的「一村兩澳」豐饒之地

橋仔因其得天獨厚的地理條件，在距今2、300年前便吸引來自中國福建省長樂、連江等縣居民前來定居。歷經朝代變換，於明初與清初時期，北竿曾實施海禁政策與遷界令，使橋仔居民生活受限。直至清中葉海禁解除，而後海盜問題亦經整治，中國沿岸居民才再度遷居北竿。於此，橋仔的漁業與商業活動開始穩定發展，今居民的構成逐漸定型。

戰地政務時期，橋仔成軍事重要運補港口

民國38年，中國國民黨撤退來台。為持續抗共，政府於民國45年下令馬祖進入戰地政務時期，橋仔的生活型態開始與軍政密不可分。

因應戰地政務時期，自橋仔港出海的漁船受軍方管制，位於橋仔外海東北、距離中國僅不到十公里遠的高登島與亮島，可謂前線中的前線，橋仔遂成為國軍運補物資的重要港口。國軍將物資囤於當地，由經驗豐富的漁民駕駛木造舢舨船

1953 民國 42 年	▼	連江縣政府設立
1956 民國 45 年	▼	馬祖戰地政務委員會成立， 馬祖進入戰地政務時期
1967 民國 56 年	▼	塘岐人口正式超越橋仔， 成為北竿第一大村
1980s 民國 70 年代	▼	漁獲量減少、生活機能不足，橋仔 居民人口大幅降低
1992 民國 81 年	▼	馬祖戰地政務解除
1994 民國 83 年	▼	北竿機場啟用，帶動北竿發展
2003 民國 92 年	▼	南竿機場啟用， 馬祖政治經濟重心轉向南竿

「忠誠號」進行補給，同時開放橋仔一般漁船出港，或透過補貼米糧、柴油的方式，鼓勵漁民協助軍方進行運補任務。

這艘擔負起高登、亮島補給的「忠誠號」，前後共有四艘。補運需求解除後，船隻一度轉賣給黃岐人，後來又由馬祖人買回，目前停泊於南竿福澳港作為海上實習船，並改名為「國春號」。

保留漁業與軍事餘韻的迷人村落

歷經戰地政務時期的橋仔，因漁獲量減少及生活機能相較不足而人口有所消長。民國 81 年，中華民國政府宣布解除戰地政務，而後北竿、南竿機場相繼啟用，橋仔也隨之歷經馬祖整體發展重心轉移。這數百年來多元的漁業與軍事歷史，為此地留下了獨特的地方文化。

MIGRATE

INTRO

遷徙地圖

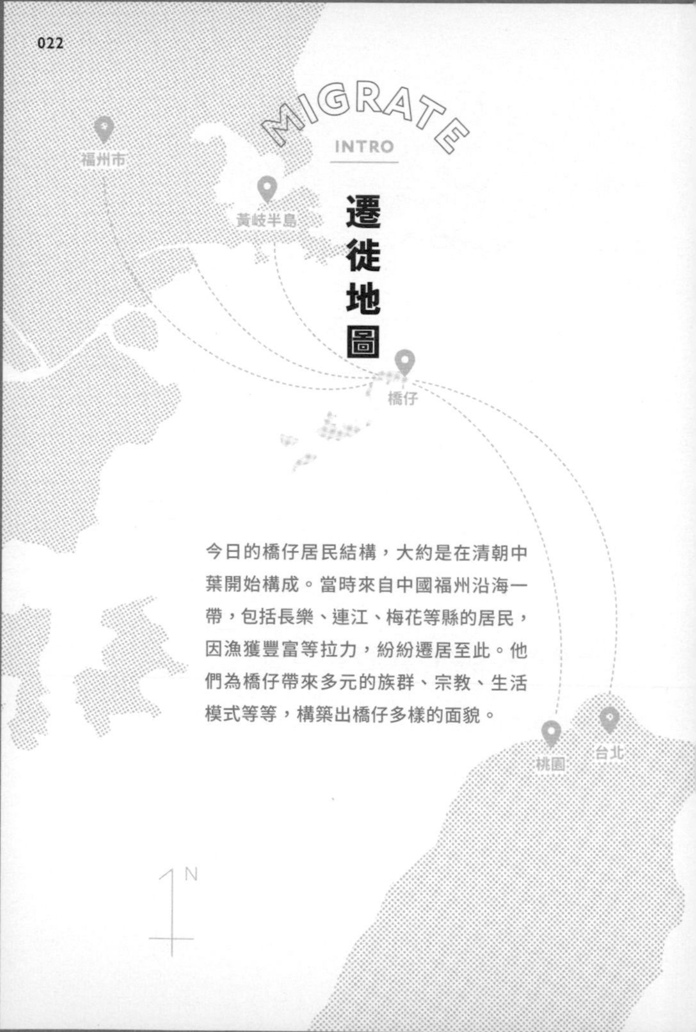

福州市

黃岐半島

橋仔

今日的橋仔居民結構，大約是在清朝中葉開始構成。當時來自中國福州沿海一帶，包括長樂、連江、梅花等縣的居民，因漁獲豐富等拉力，紛紛遷居至此。他們為橋仔帶來多元的族群、宗教、生活模式等等，構築出橋仔多樣的面貌。

桃園　台北

N

陳、王、曹、黃、鄭為大姓

若觀察村中廟碑，即可發現橋仔村民的姓氏重複率高，多為陳、王、曹、黃、鄭等姓氏。這是由於橋仔村的居民大多為福州一帶遷徙而來。以這些姓氏的宗族結構為基礎，也可以回溯原鄉。此外，宗族也影響其信仰中心，因此可以看到各間廟宇的芳名錄中，主要的家族姓氏組成也會有所差異，如白馬尊王廟以曹姓居多。

阿南境 · 當地鮮有的閩南族群

除了北竿常見的福州移民外，橋仔村內曾經生活著一群特別的族群——閩南人。這群閩南人約於清朝末年移居於橋仔阿南境一帶，籍貫以泉州為主，少數來自漳州、莆田。生活於阿南境的閩南人，在戰地政務後期陸續遷離橋仔，時至今日，昔日居住於阿南境的閩南人幾乎已盡數離開，當年的房舍也都荒廢。但由於觀光復甦，許多曾生活於此的人們回到橋仔經營民宿，並透過文化保存計畫，將阿南境過去的記憶留存至今。

KEYWORDS

INTRO

橋仔關鍵詞

號稱「廟村」的橋仔，以「一村八廟」為特色。村裡的八座廟分別為白馬大王廟、白馬尊王廟、探花府田元帥、清頭溪五靈公、玄天上帝廟、玄壇公廟、山西靈台公與女帥宮，是馬祖地區廟宇最多的村莊。橋仔也因昔日居住人口少，而曾有「神比人多」的說法。農曆正月十五的「擺暝」，更是包含橋仔的整個馬祖一年一度的盛大節日。

橋仔村昔日漁獲豐富，黃魚、淡菜等馬祖常見海產，以及蝦皮、蝦油等相關加工品都在當地飲食文化中佔有重要地位。現因漁產漸少，村內的餐館，如橋仔小吃與海龍客棧，漁獲幾乎不再由村中供應。另外，與塘岐和芹壁不同，橋仔沒有便利商店進駐，因此村內的日常飲食仰賴村中心廣場上的錦豐雜貨商店，以及送來進口蔬果的菜車。

在橋仔村內，大部分的居民以步行為主要移動方式，一方面緣於村莊面積小，另一方面或許與當地人自幼的身體記憶有關。若需離開橋仔前往其他聚落，除了自有的汽機車與計程車外，於橋仔村中心的廣場即設有公車站牌，行環島北路與環島東路至北竿其他區域。

現今絕大多數前來橋仔的遊客，幾乎是為了乘船至大坵島賞梅花鹿。不過橋仔聚落亦在民國 90 年代後開始發展自身觀光潛能。以住宿而言，除了位於澳口旁的木喜民宿與星漾海景民宿外，阿南境與南面山一帶也有數間民宿。而位於木喜民宿後方的橋仔漁業展示館與即將規劃為漁家生活館的五間排，都屬於紀錄橋仔生活史的地方文化館舍。在靠近已廢校的禎祥國小處，由橋仔前村長陳尚飛經營的馬祖漁產品企業社，是橋仔唯一一間販售伴手禮的商家。

根據連江縣 111 年 12 月各鄉村人口數統計，北竿鄉人口總數為 3,181 人，其中橋仔村有 134 戶共 532 人。民國 50 年代的橋仔因漁業與商業而繁盛一時，人口一度達 924 人。後於民國 60 年代，橋仔的人口因經濟中心的轉移，逐漸外流至塘岐，甚至台灣，最少曾降至民國 84 年的 105 人。民國 90 年代後，因行政院的富麗漁村計畫，橋仔觀光業發展迅速，讓居住人口回流，使橋仔村於民國 107 年超越后沃，成為北竿第二大村，僅次於塘岐。

2

時刻

TIMING

從海望向村
走入村
又離開村

撰文●張銘洋、洪綉雅．攝影●安比

得天獨厚的兩個澳口

在馬祖，有「一村一澳口」的特色，橋仔則是少數有兩個澳口的村落，當地人稱它們為「大澳」和「小澳」。若面向海，左邊為大澳，右方白馬大王廟前為小澳，兩澳是過往居民征戰海洋的起點與終點。澳口多，能停泊的船就多；船多，能養活的人就多。民國 80 年代前的橋仔為北竿最大的漁村，從澳口上岸的蝦皮，是東亞餐桌上不可或缺的鮮味。

等一座橋至隔海的大坵島

北竿除本島外,還有高登、亮島和大坵。不同於高登、亮島承擔國防重責大任,大坵島少了嚴肅的軍事氣氛,島上成群的梅花鹿,亦為橋仔觀光帶來生機。未來,這裡即將有一座跨越橋仔與大坵島的大橋。橋墩已植入海床,至今卻始終未見完工。不過橋仔漁人也擔心著,交通更為便利的同時,被當地人稱為「門中」的優良漁場,海流是否將受工程干擾?魚,還會不會再來?

生活機能與鄰村密不可分的**橋仔**

明清以來，橋仔漁業發達，從業人口眾多也帶來民生商機。
以前塘岐殺一隻豬，都得運到橋仔來賣，物換星移，戰地政
務以後，塘岐反成為北竿第一大村。目前橋仔村裡僅有一家
雜貨店及兩台菜車，唯一間禎祥國小也於民國 75 年廢校。
為生活便利，村民即便未移居到南竿或台灣，也多選擇到塘
岐居住。求學只得到鄰村念塘岐國小和位於芹壁村的中山國
中，高中後更需離島前往南竿甚至台灣就讀。

③

有一種 鹹味

< SMELL

攝影●馬振瀚

SMELLS

橋仔有一種鹹味，
是撲鼻而來、由舌尖觸發、
又化作於指間流瀉至腳底踩著的海灘細沙。
鹹味存於故事裡，刻畫在康熙年代的石碑上，
也隨戰事上岸植於村落排屋之中。
鹹味隨潮水起落，這裡一種，那裡一種。

橋仔村里一鑑事

城鎮裡常見「土地界樁」藏在街邊角落，然而馬祖一村一澳口的特性是以海為田，明定海界及歸屬為更重要的事情。

踢到一塊
海的界線？

SMELL　明清時代的界碑與鹽碑

1

　　民國 110 年的冬天，來自台南的成功大學歷史系團隊在橋仔村的大澳口進行幾天的調查工作。當隨行的小隊成員們正漫步於沙灘上，探索大海與島嶼關聯時，竟意外在岸邊發現了一塊疑似刻有銘文的大石塊。興奮的隊員們一度忘記手邊原本的訪查任務，緊急以口罩製作臨時拓印工具，嘗試將文字進行辨識，確認這是一方康熙 28 年（西元 1689年）的半截殘碑，這個重大發現頓時引起馬祖列嶼文史界與媒體一陣關注。

撰文●廖伯豪・攝影●安比

　　這方石碑是由當時連江縣知縣所告示的「界碑」，也是目前馬祖地區已知清代最早的官方紀年碑碣。① 於此之前，看似平整堅固且帶點紋路的石碑，曾是本地居民閒聊的坐凳、漁民曬乾蚵貝肉的石台，也是婦人日常的洗

註

① 廖伯豪，《111 年康熙二十八年石碑調查研究案結案報告》，連江縣政府文化處委託，2022 年 11 月，頁 34。

衣板。而距離康熙界碑不遠處，另一座更為人所熟知的同治 8 年（西元 1869 年）〈閩浙總督告示鹽碑〉也有類似的遭遇。

據村民回憶，同治鹽碑原豎立於小澳口，民國 70 年代亦曾一度被軍方充作石橋鋪用，至民國 89 年橋仔漁村展示館落成後才又被移至室內陳列。

■ 有土斯有財，那海洋也算是種土地嗎？

兩塊官方石碑出現於橋仔的意義，不僅是作為地方官員宣導政令的手段，更是象徵帝國統治所及之地的宣示，詔示著自明清以來，北竿地區海域雖作為統治邊陲之地，卻是帝國內海面對外洋的門戶，同時也承載閩浙沿海漁民賴以維生的重要漁場。石碑或殘或斷，仍提示我們在清朝時空下屬於此區域的關鍵詞——「捕魚」、「配鹽」——更涉及中國東南沿海因地理條件而發展出特殊的生業型態與財產觀念。

　　自康熙朝清帝國收復台灣後，閩浙粵沿海的開海復界，成為沿海居民恢復生業的契機。然海島地形崎嶇、礁石遍布，不如台灣西部平原的土壤肥沃，島上出現官方界碑，似乎提醒著我們去思考海島上的生業並非實質的土地，而是環伺島嶼周圍的大海。究竟，清人眼中的北竿及周邊沿海島嶼有什麼吸引力，讓福建沿海的豪族趨之若鶩？

▌海之有界，就猶如土之有疆，海也能「祖傳」

　　透過乾隆時期的官員奏摺，可見該區域時有地方仕紳向官府陳請開墾沿海島嶼，但其意往往不在於陸地的開墾，而是鄰近海域附帶的採捕權利。這些奏摺也為北竿島上的產業發展提供重要歷史線索。如島嶼周邊較深的水域稱為「白水」，可就近採捕漁獲；另深度較淺處為「網地」，係利用潮流變化特徵就地設網進行捕捉；若在更接近陸地之淺灘，

置於橋仔廣場、斷為半截的〈閩浙總督告示鹽碑〉。

更可開採石頭、圈石成滬，利用潮汐漲退變
化以獲得漁貨；又或於島嶼山腳近海採摘紫
菜，於岸上燒製，稱「紫菜碑」。②

　　要是能持有泥泊及近海採捕作為濱海家族
資產累積的重要經濟來源，所獲得的經濟收
入更能為家族建設祖廟以壯大地方威望。海
之有界，猶如土之有疆，能夠擁有灘塗海界，
實為「上祖遺澤」。③ 故明清以來，有經濟實

註

② 乾隆 12 年 06 月 25 日，新柱奏，〈奏陳上下竿塘各塘荒地頗多倘能酌
辦開墾於民食國庫兩有裨益由〉，《軍機處檔摺件》，故機 001003 號，
國立故宮博物院藏。

力的地方豪族會不斷宣稱特定海域為其祖業，且有權向域內漁戶徵收漁具、採捕設施等稅收，豪族之間更彼此爭奪海洋經營權的界域。

因此，自康熙 28 年詔示禁收閩粵沿海地區漁稅後，地方官員需不斷勒石示禁地方豪族強徵私稅及越界採捕外，亦得出面協助仲裁勘丈分界。而當官府派員登島進行勘丈時，才發現地方豪強早已在諸多灣澳廣貼告示，並宣稱其產業持有權，一般漁丁若要耕種採捕必須向他們承批。如北竿橋仔村岬角、澳口、沙灘及近海處之海岸地形，都擁有很好的海洋利益地理條件。一旦官方正式給予豪族授權，沿海島嶼生計必遭勢族壟斷，使漁丁人心惶惶。

橋仔的康熙界碑即是在此脈絡下誕生的，卻也讓我們得以認識傳統農業社會「有土斯有財」的觀念，在海多陸少之域的另一種體現。

③ 福建漳州圭海，《許氏世譜》（卷 1，規約），中山大學歷史人類學研究中心藏影印本，頁 10。轉引自楊培娜，〈從籍民入所到以舟系人——明清華南沿海漁民管理機制的演變〉，《歷史研究》，2019 年 3 期，頁 37。

▌立鹽碑，是為了防堵幫派對漁民「收保護費」

　　而橋仔的同治鹽碑則讓我們知道，馬祖的鹹味其來有自。

　　鹽做為漁船在海上能即時防止漁獲腐敗、延長漁貨保存時間的關鍵，更是登岸後曬製魚干、醃釀蝦油時不可或缺的重要物資；它是以海為業的人們，得以保存一切大海鮮味與生財的終極武器。漁船捕魚時必須裝鹽方能出海，對朝廷而言，鹽也就成為管控漁業人口及稅收的重要依據，故明定地方漁船於何處出海，就應在該處配鹽裝船；一來方便鹽稅的徵收，二來更能有效掌握漁船出入的行蹤。

　　這塊橋仔鹽碑所載明的事件，即是原本自長樂縣出海的漁船進入連江縣周邊海域時，受到連江縣的鹽幫勒索，迫使長樂漁船得額外裝配連江之鹽。如此變相徵收私稅，亦使漁民苦不堪言，方由閩浙總督出面勒石示禁。

　　北竿島上的同治鹽碑有兩座，除了橋仔村外，隔山一面的塘岐村也有一座兄弟碑。相同的碑文內容分別矗立於島嶼的兩端，彷彿向往來的人們，再次強調鹽與魚維繫著海上人家的生存命脈，作為島嶼見證兩村乃至南北竿島自清代以來以海為田、以漁為生、以鹹為味的歷史發展脈絡。

同治年間所立的鹽碑吐露出橋仔的鹹味由來有自。

不能說！
卻眾所皆知
的海上祕密

SMELL　漁民曾得當間諜？現則偶爾「小額貿易」

2

　　閩江口外，以海爲田的閩東文化圈，從搖籃到搖椅，都與海脫不了關係。只要有船能夠駛入海上，任何困境彷彿都能化險爲夷。漁民與漁民之間，彼此相互支持、相互依賴，只爲了在與無情的大自然對抗下，力拼一線生機。然而，兩岸鼎革之際，不僅面對大自然的挑戰，還要面臨高壓的管制，一分爲二。

　　日昇月落，民國 45 年，中華民國政府在金馬地區實施戰地政務，禁止閩東沿岸的漁民

撰文●林欣楷・攝影●安比、馬振瀚 (P.50 右)

橋仔村里一鑑事

「小額貿易」的官方說法是「走私」，由於橋仔村離對岸真的太近！至今日兩岸間偶爾還是會偷偷進行交易。

往來，為了殺雞儆猴，前往黃岐販賣魚貨的漁民陳依水被冠上通匪的罪名，押送台灣審判、監禁。一時之間，橋仔各地風聲鶴唳，當地居民莫敢不從，規規矩矩地配合政府與軍隊的安排。而漁民出海的自由，在船舶管制、人員流動的管制下，成為奢侈的渴望。

▌當時候，困在島上也是死，出海還有一條生路

　　提起兩岸對峙的年代，在橋仔碼頭販售鹿草的漁民姜伙生，自有其一套生存的經驗。民國 68 年，中華人民共和國與美國建交，為了在和平解決台灣問題上釋出善意，中華人民共和國放緩對台灣的軍事壓迫，使兩岸軍隊對海岸線的管制因此稍稍放鬆。原先被迫分隔的閩東文化圈，此刻靜靜地、悄悄地

從橋仔望向小澳港口，依稀可見對岸中國起伏的山巒與沿海城市。

恢復了聯繫，在海上互通有無。

姜伙生的父親姜元泉是梅花望族，年少時曾赴上海學習中醫，西元 1940 年代梅花地區爆發大規模霍亂，在元泉先生的防治下大為舒緩，時人稱：「欲不亡，找元泉。」在該地贏得民間各界的敬重。

隨著國軍在大陸節節敗退，大批部隊退至東南沿海諸島，由於房舍不足，軍隊徵用民宅，驚動地方社會。姜元泉父子，為了躲避中日戰爭的戰禍，在西元 1943 年時早已暫避外頭山，沒想到隨著國軍的進駐，外頭山成為父子落葉之處。

從戰地政務實施 20 餘載，馬祖的漁源在過度捕撈之下早已枯竭，無法應付出海一趟的物資消耗。然而，困在島上也是死、出海還有一條生路，也使得橋仔的居民仍然操起小船，駛向汪洋大海，一如數百年間的閩東居民，力拼生機。

▌當臨海漁源開始匱乏，
漁民就用手錶、雨衣和對岸換魚

「你說魚是剛捕上來的，但怎麼會是冷凍的？」

捕不到魚怎麼辦？面對成群結隊的大陸漁船，腦筋動得快的漁民，選擇透過接觸大陸漁民的方式，快速取得漁獲。由於兩岸經濟差距甚大，手錶、雨衣等物品成為大陸漁民喜愛的物品，馬祖人往往透過少少的花費便能取得大量的漁獲。從新鮮的魚到冷凍的魚，馬祖人透過收購大陸漁民的漁獲，省去了捕魚的辛勞，改善了生計，但也引起哨口的懷疑。看著冷凍的漁獲，港口的查哨官對漁民困惑地提問著。

一次兩次，越來越多的漁民開始偷跑，在官方眼中，這樣的行為被稱為走私，而當地民眾稱之為「小額貿易」，從漁獲開始，漸漸地，珍貴的玉石、稀有的酒類，各式各樣的走私貨被夾帶進馬祖，甚至有軍官委託漁民物色

大陸家鄉的各式物品，成為民間與前線軍人
不能說的祕密。

　　既然禁之不絕，那不如物盡其用！台灣的
情報單位，為了取得對岸的情報，開始透過
漁民接觸對岸的資訊，方法還是那一千零一
招：不配合，就不讓你出海。

　　而配合的漁民，國家則補貼工資與汽油，
讓民眾得以出海。

▌不小心就成為雙面間諜，要小心避開美人計！

　　在小額貿易盛行的年代，除了在海上的貿
易，膽子大一點的漁民，甚至已經踏上對岸
的土地，姜伙生就是其中一位大膽的漁民，
提到當年的事蹟，仍然歷歷在目。

　　在雙方軍隊彼此互相監控的年代，任何一
艘漁船進入港中都逃不過雙方的法眼，上岸
的漁民自然也會受到官方的盤查。

"

我就和對岸的官員說，汝為曹家盡忠義，吾替漢
室獻赤誠，各位其主，對方也就不再刁難。而有
些沒說真話的漁民，反而就被拘捕起來，關了幾
天才放回去，回到北竿，又因為逾期未歸，漁民
證被扣銷，無法再次出海。

"

　　而成功上岸的姜伙生，替台灣的情報單位
購買對岸的報紙，跟當地的漁民閒聊，將這些
資訊帶回馬祖，也引起對岸情治單位的反制手
段，企圖吸收這些北竿的漁民成為雙面間諜。

"

在對岸的時候，幹部會請吃飯、喝酒，在酒酣耳
熱之際，還會請女人來陪伴。我知道這是對方在
用計，就拿 100 塊人民幣把對方打發走。才避開
美人計。

"

在兩岸情治單位鬥法之際，官方的各項政策，也反而成為閩東居民重要的謀生管道，比如海漂物吧。為了攏絡大陸民眾，政府會定時施放空飄、海漂物資作為心戰手段，並以扣漁民證的手段要脅當地漁民協助施放。但由於有利可圖，也可以私藏物資，當地民眾倒也甘之如飴，透過小額貿易的管道進行無本生意，甚至提前打二哥大①通知對岸的親友，在何時何地施放物資，掙取生活的津貼。

據說，只要撿到一百個海漂罐，在當時的大陸就足以成親。

時至今日，兩岸的政治對峙情勢早已趨緩，但小額貿易仍然不時發生，在中國禁止澳洲龍蝦進口的今天，這些龍蝦仍然透過金門、馬祖的小額貿易源源不絕地流入大陸，形成閩東生活圈裡眾人皆知的祕密。

註

① 二哥大：第二代無線電話

沒有館長的
橋仔地方文化館

SMELL 五間排鹽池上架起撞球台

3

橋仔村的大坪頂，有一棟以花崗岩磚砌成的傳統閩東石屋，面向大海，天氣好時，能清楚看到對岸地貌輪廓。石屋五個排間的格局、人字砌工法，立面的蓮花紋樣和屋前避煞的石敢當，不難看出為大戶人家擁有。

當地人稱的「五間排」早在百年前落成，一如當時許多中國漁商逐潮水定居橋仔，落戶到五間排的王姓家族，隨兩岸密切的貿易來到這個漁村，做起生意，是當時境內做蝦油的大戶。

撰文●楊若彤・攝影●安比、原典創思規劃顧問有限公司 (P.52、54)

橋仔村里一鑑事

「五間排」建築歷經橋仔
漁業興衰和戰事起落，空
間被使用的方式因而不斷
轉換，形成了巨觀歷史的
獨特縮影；目前則已修復
為地方文化館。

　　這裡於民初曾是漁獲加工廠「永豐店」，
以「做鹹」（蝦油）著名，店鋪兼做鹹蝦皮、
海蜇皮，隨趕鮮的漁船，銷往中國。到了民
國 38 年，國軍來了，軍營尚未健全，就暫
借五間排一樓來放彈藥、米糧。據說，民國
47 年兩樓偵察部隊有超過 80 人住在二樓。

民國 40 年代後，王家退出蝦油產業，嗅到大批部隊進駐所帶來的商機，陸續經營起豬隻養殖、撞球館、軍方批貨、代辦村中郵務等生意；五間排結合住商、複合的空間使用，展現著馬祖人面對變化的韌性及「斜槓」的彈性。

▋五間排裡的鹽池，最早是用來釀放蝦油

一走進五間排，馬上就能看到深達三公尺的「鹽池（魚窖）」，那是過去醃製蝦油的地方。雖然民國 38 年國軍到馬祖後，永豐店就不

五間排內有兩座三公尺深的鹽池，最初是用於擺放、醃製蝦油。

再出產蝦油進行外銷，但家中仍會自釀；家傳的蝦油工序和滋味，現任屋主王家順可是記得很清楚。

各種小魚、雜魚都是做鹹的材料，將這些經濟價值不高的下雜魚通通丟進鹽池，鋪上一層重鹽，靜待發酵二到三週，再另外撈入甕中，挪到前方的空地曬太陽，加速熟成。只要約六個月的時間，蝦油的腥鹹味轉為鮮味，呈深褐色色澤，就知道是該過濾裝瓶的時候了。

然而不釀蝦油後，鹽池還能做什麼呢？

▌過年會把鞭炮丟進池子裡，
或蓋上木板充當撞球台

自釀放蝦油工作「退役」的鹽池，蓋上木板蓋，在戰地政務諸多管制下，功能反而延伸至日常，發展出不同用途，甚至成為娛樂空間，除了能擺設餐桌用餐圍爐，躺在上面睡覺小憩也不成問題。

「以前過年時候,我們家會在鹽池裡放鞭炮慶祝,將木板蓋蓋上,聲光不會明顯,沒有被抓到過!」現任屋主王家順笑著說,他們透過這種方式熱鬧過節,同時巧妙規避當時的燈火管制。

因應阿兵哥的娛樂,鹽池上也架起撞球台,開起時下流行的彈子房。

由於橋仔碼頭為高登、亮島的運補前線,若部隊有飲食或生活需求,也會就近委託村人辦理。王家順說,五間排外面的院子就曾有個小型的豆腐製作房,專門替軍方做豆製品,因母親手腳俐落並有著好手藝,做的油條、炸餅、麻花,每日隨補給船熱銷運到高登。此外,家裡偶爾也會幫忙到塘岐代購蔬果,或修補軍服,家計收入來源多元。

▌民國 60 年代橋仔離鄉潮,五間排閒置 30 年

民國 60 年代開始,馬祖迎來「離鄉潮」,

許多馬祖人遷至商業為主的外村和台灣尋覓
穩定經濟發展。橋仔人也不例外，近一點，
遷到塘岐；遠赴台灣則是熱門的求學、就業
選擇。不同於以漁村發展的橋仔，塘岐經商
活絡，附近又有營區，軍人商機更大。王家
順形容，一到假日，塘岐街上滿是密密麻麻
的軍人，非常擁擠，沿街開著餐館、雜貨店、
網咖……

五間排現任屋主王家順自幼在此成長，隨老房子見證橋仔的繁華與沒落。

　　王家順與妻兒搬到塘岐，先後開文具店、
卡拉 OK 店；祖父母繼續住在五間排右側，

　左側則短暫租給造船師傅陳寶俤。問到搬離橋仔後是否較少回來，王家順回說，重要節慶還是習慣回五間排老家過，塘岐和橋仔兩處也都有家人住。

　後來王家順一家隨孩子的工作，落地台灣，五間排閒置超過 30 年。當他再次歸返橋仔時，人去樓空，五間排已與過去熱鬧景況有著天壤之別。「這邊是櫃台、後面是可以推開的木門，買東西、寄郵件都在這裡」、「櫃台對面有放一個竹製的酒架……」王家順用雙手對著現在空無一物的空地比劃以前屋內家具、櫃子的位置。多年過去，記憶依

舊清晰,仍可指認,說著曾有哪些人群來到
此處。

▋記憶所繫之屋,成為地方文化館,樓空而後生

　　五間排隨著橋仔聚落的繁榮與沒落,熱鬧
後傾頹。年久失修的屋子,在民國 105 年縣
府與王家順協議後,重新修復,並登錄為歷
史建築。民國 100 年末,以煥然一新的姿態
復出,一樓作為橋仔村新的文化館,引入外
部資源,書寫地方記憶。王家順一家也搬回
五間排右側居住,「雖然住的空間比以前來
得小,但很溫馨、很熟悉。」

　　雖然說是沒有「館長」的地方館,但曾匯集
漁商、阿兵哥、村人、孩童的五間排,勾起
人群在地方的活動印記,更對應著從兩岸漁
商熱絡、過渡到戰地政務再到現代的時代脈
動,乘載著當地豐富的歷史記憶,五間排也
將以新樣貌,繼續陪伴橋仔人走向未來。

比蝦米還小！
卻要 20 個人出海
才能捕撈

SMELL　曾經需要動員全村的蝦皮產業

4

　　離開馬祖才知道，漁港周圍海水混雜漁獲，曝曬後的臭腥味，才是真正漁港的氣味。然而依海而生的馬祖島卻遺失了這一味，也許一部分是閩江水沖淡了馬祖海水的鹹味，又或是時代沖走了漁村生活的滋味。

撰文●曹雅評．攝影●安比、劉怡青　(P.66)

■「蝦皮目」是虧人眼睛小，做人媳婦的卑微
　則體現於「一頭蝦米要食三嘴」

　　「你這個蝦皮目！蝦皮目！」經常聽見親戚
間互相鬥嘴，是用馬祖話「蝦皮目」來嘲笑別
人如蝦皮一般的小眼睛。沒有漁村生活經驗
的我，小的時候無法領會其中深意，直到自
己的孩子傳承了二舅舅的「蝦皮目」，才聽阿

姨們再次提起。我看孩子笑起來細彎彎的小眼，瞬間頓悟其中意味。

馬祖老一輩很懂得用生活事物暗諷、借喻，像是活在深海中的「鮟鱇魚（馬祖話：華臍）」尖牙咧嘴、相貌醜怪，在言談間，總是拿來暗諷女性的相貌。又或用一些漁產與日常結合的方言來提點後輩，如劉宏文老師曾分享一段打趣待嫁娘的順口溜：「妹呀妹，做人媳婦要聽人嘴，一頭蝦米要食三嘴！」如此細小的蝦米，還要刻意分三口吃掉，描繪出做人媳婦的委屈與卑微。

「蝦皮」是馬祖人家常料理常見的食材，不論是蝦皮炒高麗菜、涼拌紫菜拌入蝦皮、或辣炒蝦皮，只要添加蝦皮入菜都別有一番滋味。這種薄殼透明狀的小毛蝦，體型比「蝦米」還更小，喜棲於大量淡水排出的淺海環境和有強大潮流的泥底淺水區。於閩江口外擁有豐富天然海洋資源的橋仔村，過去就曾是福州沿海「梅花人」的捕蝦皮勝地。

▌ 每年中秋前，對岸梅花人
就會來到橋仔「拍楸（打椿）」

　　位於橋仔村南面山的五間排「永豐店」漁業加工廠，石敢當坐鎮閩東大宅的門庭外，內築了一座梅花人留下，用來保存漁獲、魚露、海蜇皮的方格狀池子。橋仔村賣涼茶的阿姨說：「阿兵哥還沒來前，每年 7 月半到隔年 5 月梅花人都會來到橋仔村捕蝦皮。這個港口，每天早晚都有一班帆船往返對岸。不管漁獲或人都搭著那每天的一班船。這裡非常的熱鬧什麼店都有，連舶來品都有呢！」

　　每年中秋前幾個月梅花人前來馬祖列島「佈揪（樁）」打蝦皮。蝦皮捕撈資本龐大，前置作業非常的繁雜，在還沒有尼龍、塑膠材料、機動漁船及水泥樁前，馬祖蝦皮捕撈可是需要動員全村的重要漁村大事。農曆7、8月要開始俗稱「辦季頭」的購置材料工作，接著製作「斗」、「揪」、「輪板」、「蝦皮窗」、「蝦皮網」等手工漁具，才能趕在中秋前完成「拍揪（打樁）」。

　　「拍揪」成為漁村重要盛典，祈求祭祀、婦女煮食、男丁吆喝，好不熱鬧。每次出航20到30人，需一至二艘大型漁船將15人個頭高的「斗」運往海中央；一來一往，運用人力將「揪」敲進海床，掛上輪板、蝦皮窗、蝦皮網。每艘船可以打至少20至30個蝦皮定置網，屬耗費大量人力與資本的捕撈事業，在馬祖稱「討大海」，多半由梅花鎮的有錢漁戶來橋仔村雇員捕撈，或與在地漁戶合資分利。

▉ 捕撈現代化、漁源漸枯竭，
橋仔難再聽見熱鬧椿號聲響

　　然而時至今日，這樣打椿號的聲響已消失在馬祖的漁村當中。在那「檢肅匪諜」的時代，可以與對岸使用福州語溝通的海上漁民，被國家視為難以控制的危險因子；一方面嚴加控制集中管理，另一方面國家運用農復會的美援資金，給予漁船機動化、捕魚方法及漁具統一採購的協助與輔導。戰地政務時期的漁會高層管理員說：「漁民四肢發達，頭腦簡單，必須把他們組織起來，輔導他們，不然可是會變成社會的問題！」。「管、教、養、衛」四大方針，在戰地前線被認為缺一不可，戰地經濟的開發除了酒廠、農業，馬祖最重要的就是漁業資源了。

　　漁業增產計畫、統銷統購漁業貸款機制在漁會執行管理下，「合成纖維網、塑膠掛網、塑膠製的竹心草繩」取代了傳統蝦皮「輪板、

黃鵬武正在為馬祖民俗文化館重現製作「楸」。

蝦皮窗、蝦皮網」，帆船改為印有國家標語「政
治學台北，經濟學台灣」宣揚台灣經濟發展的
「機帆船」。當時被罰不能出海半年，跑去打
工做工程的黃鵬武也發明了水泥製成的「水泥
樁」。橋仔村再也聽不到熱鬧「拍楸」的樁號聲
響，也不需要那麼多人加入捕魚生活的行列。

　　一包包塑膠包裝印有「開發海洋資源；發
展戰地經濟；馬祖蝦皮」的產品成了台灣熱
銷的土特產。捕蝦皮的漁民，以為荷包可以

賺滿滿了，但他們忘記捕魚是看天吃飯，蝦皮每幾年會消失一陣子，漁業的資源也會枯竭。鉅額的漁具貸款壓得喘不過氣，馬祖漁民也就這樣慢慢消失。橋仔海岸現僅剩兩、三戶結合現代化的定置漁網捕魚方法，維繫著馬祖僅存淡淡的鹹了。

蝦皮漁具馬祖話

捕蝦皮需要使用的漁具結構相當複雜，其中楸（椿）會被打入海床，綁上繩索固定住以蝦皮窗撐開的緈（蝦皮網），輪板則是能防止楸和蝦皮窗間繩索打結的精巧結構！

緈 蝦皮網
moyng^

蝦 皮 窗
haˇ miˇ tshong

輪 板
lung+ bang+

楸 椿
tshiu

橋仔餐桌連著潮水，有座會自動補貨的天然冰箱

SMELL　能利用「急急水」捕魚的一塊良田

5

　　海風冷冽，橋仔村的空氣帶著漁村共有的鹹鹹海味，然而不同於馬祖其他漁村聚落僅有「一村一澳」的人地關係，橋仔村的兩座天然良港：大澳和小澳，一南一北地鑲嵌在橋仔的核心區，而港外那片海，島嶼錯落其中，帶

橋仔村里一鑑事 📢

村裡僅存兩戶使用「定置
網」捕魚,潮水時間到,
魚就自動流入網中;大潮
魚多、小潮魚少,不同季
節有不同漁獲。

著閩江豐富營養鹽的海流至此與海底礁岩相遇
與沉積,造就離岸僅數百公尺的極佳漁場。

位於橋仔村北側的「橋仔門」是大坵島與
北竿島之間寬約 500 公尺的水道。流經於此
的海水就像忽從大水管進到小水管一樣,潮
水變得十分湍急,當地漁民稱之為「沖門」
或「急急水」。恰巧路過水道的魚蝦,也因

潮水集中而被大量沖進漁民架設在此水道底部的定置網中，只要潮水一到，漁民即能起網收成。這片海域是老天賦予村民的一方良田，也猶如一座能自動補貨的天然冰箱。

百年前有無數船帆因橋仔村獨特的海陸優勢在此揚起，港邊商號更因豐富魚獲發家致富，頻繁往來這海島一隅與大陸之間的各地漁民，帶著蝦皮、鮸魚、鯧魚、黃魚、鱸魚，點亮橋仔漁村的萬家燈火。

▎軍管時代，回港晚了就被扣船，魚便難再上岸

頻繁往來接駁漁獲的小船，在洋面若星辰般閃爍，船上燈火照亮整個海與陸之間。因漁撈而興起的橋仔，一船船的魚鮮養活無數家戶，也為鎮守村境的八廟眾神帶來鼎盛香火。但忽然降臨的那聲戰爭警鐘，匆匆替橋仔港邊的繁忙畫下了休止符，只留下空蕩的澳口與熄燈的商號。

大海因軍事對峙而被嚴加控管，以海爲田，打漁爲生的橋仔漁民，作業漁區卽使就在目視可及之處，但只要規定可出海的時間未到，所有漁船都必須被厚重鐵鍊串在一起並銬上大鎖，就像是離了水的魚。

黃鵬武是少數熬過戰地政務時期的橋仔漁民。

「回港只要晚了，下場就是扣船」，極少數熬過那段時日的橋仔漁民黃鵬武，回憶起當時的畫面說道，「軍管時代扣船就是控制你的肚子，日子一天過一天，生活很辛苦。」捕魚

是當時家庭生計的主要來源，能不能抓到肉多、吃得飽的魚，也是橋仔漁民每趟船出去唯一的期望。

▌定置網捕魚的道理是──靜待上天給予

黃鵬武打了一輩子的魚，從小就學習著大海與漁業的知識，精通定置網、流刺網、延繩釣、圍網、章魚籠等漁法。他的雙頰因日曬而黝黑，海風在肌膚留下歲月的痕跡，在

黃鵬武精通許多漁具製作的方法，對各項捕魚技術的精進充滿熱情。

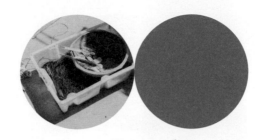

那個缺乏起網機的年代，使勁拉著漁網來養活全家人的雙手也因此日漸變形。

橋仔的定置漁網相較於台灣東部沿海造價近千萬的巨型定置漁網，不僅顯得小巧可愛，原理也截然不同。黃鵬武說，這是先輩留給子孫的維生智慧，也是馬祖的獨特漁法。黃家的定置網就固定在數十米深的「橋仔門」水道底部，過去曾放置八到十張漁網，現在則只有四、五張。

每張漁網都由三顆百公斤重的巨石定於海床，靠著強勁的水流將漁網沖開，就像一張面向水流打開的大嘴巴，靜待魚蝦隨波逐流

黃勝武的兒子黃中仁傳承了父親的海上事業，為橋仔保留下海的滋味。

地進到網中。原理類似拖網，但定置網是靜
待上天的給予，漁民只消算準潮水拉起漁網
收成，「大潮魚多，小潮魚少」，大海會在不
同的季節替家家戶戶準備好不同的漁獲。

春夏吃鯧魚、白巾魚，秋冬抓蝦皮、螃蟹
與蝦蛄。橋仔人家的餐桌也隨著四季更迭發展

出獨有的好味道，如在北風吹拂的日子裡，
浸泡在薑、蒜、辣椒與水、鹽、酒中入味的
生醃蝦蛄，便是橋仔傳承數代的在地鮮美。

▌「大家統統都去台灣了，但我不甘心。」

「現在馬祖眞正專職捕魚的，應該就只有
我們兩組定置漁網。」剛從橋仔門定置網收成
漁獲回港的黃中仁，臉上掛著漁民鮮少出現
的笑容。他承接了父親黃鵬武的漁船、漁具
和打魚技術，黃氏父子持續實踐與傳承古老
的定置網漁法，使漁業並未因過去的戰火連
天與軍事對峙，徹底從這片海上消失。

橋仔僅存的兩組定置網，一組屬於黃家，
另一組則由住在澳仔旁的王姓人家經營，是
橋仔少數離開之後又重回捕魚之列的村民，
而他們則是橋仔村最後兩戶漁民，亦是馬祖
這海島上幾乎不復存在的專業漁戶。

「民國 6、70 年代的時候，因爲打魚眞的

太辛苦了，大家就都去台灣發展，一個拉一個在工廠裡工作，所以大家幾乎都搬光了」，在黃中仁的記憶中，整個橋仔村最後只剩下父親在打魚，「我爸是有興趣所以留下來，講真的要有興趣、有熱誠才留得下來。」

「大家統統都去台灣了，我本來也以為我會去台灣，但我不甘心，所以最後還是沒有去台灣。」黃鵬武選擇留下，為的是對漁業的熱愛以及對橋仔輝煌過去的念想。「橋仔是馬祖最大的漁港，代表整個馬祖，我們的漁業可以說從一開始就有，漁法也最複雜，不同季節都有不同的打魚方式。」

▋「魚賣多少錢我不在意，我喜歡把魚帶回來的感覺。」

隨著歲月的點滴消逝，即便當前已不再是過去生活極為窮苦、海岸線遭嚴格管控的戰地政務時代，但往昔人們聚集澳口整理漁

獲,繁忙而哄鬧的漁村地景也幾乎不復存在。當漁業不再有新血注入的時刻,黃中仁與父親一樣,逆勢而爲地留在橋仔打魚,但世代間對打魚的想法卻不盡相同。

「有次我抓魚回來,觀光客在旁邊看,我就送一包蝦子給他,我媽聽了臉都黑了,人家你又不認識,幹嘛送蝦子給別人,我說沒關係,高興就好。」他看著剛分好的漁獲笑著說道,「魚賣多少錢我不在意,我喜歡把魚帶回來的感覺。」

在最艱難的時刻,漁業在橋仔以不同的形式傳承,而黃鵬武的漁船也仍停在澳仔碼頭的邊上,隨浪擺動。

漁工正整理著從返港漁船中拉起的漁網。

打開橋仔最後的
幾缸蝦油罈

SMELL　　懂吃的人才會覺得「好香」的特色醬

6

　　陳尚飛的蝦油一開罈,老闆娘用福州腔華語開心喊著:「好香、好香啊!兩年沒聞到這味道。」同時笑著點頭。這當時,我們幾個外地人,包含我這個吃慣台灣蝦油的福州裔台北人,不敢多說,也是笑著點頭,怕是說出什麼冒犯的話來。但隨著老闆攪動一池褐色的油水,上層的浮沫褪去後,蝦鮮味撥開腐

撰文●陳世偉．攝影●原典創思規劃顧問有限公司 (P.78、80 右、83 、86、87)

臭味竄出，又臭又鮮。懂了，原來橋仔人好
這味。

　　馬祖的平地少，能耕種的土地寥寥可數，
在食材缺少的日子裡，自家周邊種一些地瓜
自用，也種菜蔬販賣貼補家用，就是馬祖農
業的極限了。用魚蝦釀製的蝦油和魚蝦鹽漬
的「鹹配（keing` phuiˇ）」自是打魚人家保存

漁獲、增添餐桌風味多樣性的聖品。一直以來，各家戶在住家空地曬釀蝦油，「蝦油就是當醬油用，還更香」，馬祖人說出了過往蝦油的重要性。

過去，橋仔人張網撈捕海產，網目細小，什麼大小魚都一同上岸。大魚可賣可料理；小魚如鯤（藍圓鰺）、鰮（沙丁魚）適合鹽漬配飯；小雜魚、蝦、蟹就拿來釀蝦油。

而陳尚飛這幾甕蝦油，和過往不同，以純鯤魚取代下雜魚作為原料，標示著橋仔漁業生活的轉變，也見到一絲對傳統文化的愛護及傳承。

橋仔，這個聚落因海而起，村裡沒有一個位置是看不到海的。

餐桌上也經常可見村民
由海邊岩石上採集而來
的紫菜。

橋仔不是海的地方全是山，
覓食材，自然就要上山下海

　　馬祖各島曾經和對岸的福建閩東地區關係
密切，那是馬祖人的家鄉，是買食材、賣魚、
工作，甚至是找老婆的地方，來來往往都是
靠船。民國 38 年後，馬祖和福建之間的往來
被逐漸禁止，馬祖人的菜市場、生活、家人
被劃在線的另一側，生活空間少了一大半。

民國 40 到 70 年代間，橋仔還是靠著捕撈
蝦皮，成為馬祖最重要的漁業聚落之一，當
時的輝煌帶動酒廠、麵線廠、多家商店的商
業運作，但在解除戰地政務及漁產資源減少
後，橋仔又成了馬祖漁業沒落的展示場。

儘管繁華已去，橋仔與海依舊相連，餐桌
上的海鮮、海味只算是線索，橋仔村民親手
生醃的蝦蛄、現捕石蠘和自釀蝦油才是「鮮活」
的證據。只不過能捕到什麼？捕多少？都不
是漁民能控制的，海洋就像在考驗橋仔人的
應變能力：正確回答出海流方向、魚群習性
之類的題目，一家子才有飯吃。

馬祖各島地形起伏大，對馬祖人來說，上
山下海是日常。這麼說不是要凸顯馬祖人行
動力多高，而是在馬祖人的生活空間裡，不
是海的地方——全是山。

觀察分別在山腰和山腳位置的幾戶人家，
房裡的層架、擺設不約而同地都有些歪斜。
問他們感受，也只是得到輕描淡寫的：「喔，

我沒注意到,可能地不是平的吧。」

地平不平早就不重要了,要把麥蔥種哪,
冬瓜、辣椒又種哪才實際。

自種、自釀的山海滋味煮成菜餚,橋仔上桌

馬祖作家劉宏文老師曾寫道:「『鹹配』和
酒糟,都是吾鄉早年家家必備的吃食,然身
分地位大大不同。」酒糟鮮紅、好聞;「鹹配」

釀製老酒留下的紅糟入菜。

面相平凡、氣味特異，都是馬祖人記憶的共
同經營者。紅糟（酒糟）對馬祖人而言，具
有文化意義；而海鮮醃製的「鹹配」和蝦油，
則透露了海洋的影響力。

今日的馬祖運輸方便、生業型態也更多
元，各種調味料、食材、飲食型態大舉入侵，
餐桌上的競爭也越發激烈。

老酒紅糟雞湯、清蒸黃魚、炸紫菜、老酒
豬腳、老酒麵線、炒臘肉、炸烏魚、炸麥蔥、
炒魚麵——這是橋仔的餐桌。半海半陸，簡

單卻誠意滿點。老酒、紅糟自釀；麥蔥自種；海鮮、魚麵購買；豬腳是親戚的贈禮，從四面八方而來的菜點，以各種烹飪方式集成一桌。

這一桌傾多方之力完成的菜色，我們吃得很費力，廚師準備起來卻毫不費力。

不費力，是因為橋仔人在面對變動時，已經習於應對，是橋仔的智慧，也是堅韌。橋仔以協力應對缺乏——村落裡來自不同原鄉的人群和神明共同生活著，並且以飲食來往相互聯絡；橋仔以等待應萬變——想要網裡有收穫，必須等，等季節、等時機；等待，也讓老酒紅糟越陳越香。

這片海、這張餐桌、這罈蝦油，就是橋仔的寫照。

橋仔人身兼數職的多，打魚人兼帶玄天上帝的鑼鼓隊、村長開民宿又做蝦油，每個人都精采得不得了。他們在這個被貼上「沒落」標籤的村子裡，活得很有特色，很像橋仔的

蝦油——鰻魚發酵後，經過幾個月，甚至幾年的沉澱，經過濾雜質、熬煮後才呈現出清澈的醬體及特殊的鮮味。

吃完這桌橋仔，如果說要在這個聚落待下，我會說：「雅好，雅好（福州話：很好）。我願意跟著橋仔的輝煌一起分解，沉澱，也精煉。」

地上幾罈陶甕上的爬藤植物，告知我們已經等了多久，爬得越滿，等得越久，臭香味滿溢小村餐桌的日子也就越近……

橋仔餐桌上菜

炒臘肉

炸紫菜

老酒豬腳

新鮮麥蔥

炸麥蔥

4

氣象與時間

SIGNAL

從自然裡捕捉信號

撰文●郭美君・攝影●安比

從風、雲、霧預測「關島」機率

馬祖聯外交通取決於天候、海象，「這裡不是想來就來、想走就能走的地方」，但當地人自有一套應對本領。除了善用氣象 APP 判讀，以能見度、雲幕高度判斷是基本，再看風向、風力；起大霧的日子，若沒夠強速的北風，也逃不了「關島」宿命。

漁人作息順應潮水，而不對鐘點

壁上掛鐘，是我們熟悉的標準時間，但在馬祖，漁人的作息則是順應潮水的漲退。他們的地方時間隱身在澳口礁岩的水痕、在沙灘，若問起幾點出航，「水退一半就出海」是最常聽到的答案。

太姥山 九鯉朝天

⑤

用身體　認識

Y BODY

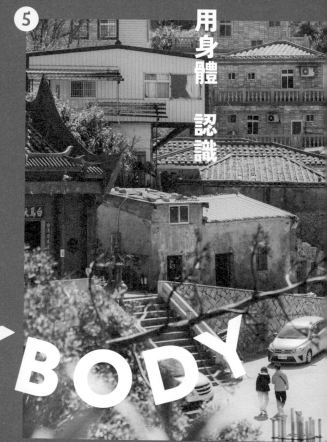

攝影●安比

BODYB

就打開五感吧！你可以散步海邊，
用眼睛搜尋、手去撿拾特別模樣的碎片，
又或行走陡坡以喘息體驗垂直村落。
有聞到菜園裡的魚腥味嗎？
還有突如其來一首老歌金曲放送，
一台菜車即將從橋仔出發環島……

橋仔村里一鑑事

從北竿環島北路和東路下到橋仔聚落是條陡坡，沿經幾戶人家，和鄰居串門子或到海邊的同時，也能練得肺活量！

橋仔是垂直村落，車行要慢，走路不畏坡

BODY

一條坡路，連結海、島民和時代記憶

　　旅行與日常，兩個截然不同卻經常並置的詞彙，顯現出旅行途中的渴望——渴望抵達陌生的地方，走進他鄉日常，從中看見生活不同面貌。一起走上村落起伏的坡道，或許，就能在路上尋獲觀看地方的入口。

撰文●黃梓崴．攝影●安比、張銘洋（P.98）

▌用身體感受導覽地圖上的「易肇事路段」

來到橋仔，如果乘車入村，迎面而來的將是有如溜滑梯一般的感受——身體前傾、手掌抵著前座的背板、胸腔隨著深呼吸而鼓起。肢體被擺佈的訊息總輕而易舉地召回旅客的注意力，然後發現，自己身在一條起伏劇烈的陡坡上。閃著刺目陽光的水泥坡道浩浩蕩蕩地從聚落入口流洩而下，於廣場前陡然彎折，再洶湧地朝著澳口奔流而去，一路陡峭、令人驚詫。

誰會一路到底地將坡道一次走完？多半是來去匆匆的旅客，有效率地將遊覽足跡疊在聯外道路到港口的路線上。然而，不熟悉地勢的情況下快速出入，使坡道更為險峻，甚至在導覽地圖中被慎重標上「易肇事路段」的註記。

外地人蔚為奇觀甚至感到畏懼的坡道，居民卻若無其事來去，一方面是對家鄉地景熟

稳，另一方面無非是遊客想樣與地方生活的
落差。在人口外流、繁盛榮景不再的高齡漁
村，來回跋涉坡道的需求可能並不常見；這
樣的推想應該是合理的，直到那些意料之外
反覆出現的垂直移動進入視野，透過身體、
不用言語來吐露那段熱鬧興旺的往昔餘光。

入村的下坡道一路聯通港口燈塔。

地方耆老黃炎炎扛著粗重的竹子緩步上坡。

■ 就算換過人工膝蓋，
在地老人家照樣每天上下走

在低溫凍紅鼻子的冬日，外地遊客稀疏，只見當地耆老黃炎炎一手拄著拐杖，一手將

寬過大腿、長過人身的粗壯竹子扛在肩上，
在陡峭的坡道緩步上踱。他的身體在冰凍的
寒風中挺得筆直，從坡道上端與女帥宮鄰近
的住家到坡道尾端的澳口，一天之內重複此
趟路途數次。

　　他不斷地向大海走去，來到當地人稱「澳仔」
的灣岸，也是他原生家庭的位址。直挺的身
體於此處彎折，貼著港邊的紋理彎腰放置漁
具、蹲著身揀選雜魚和蝦蛄。令人驚詫的是，
這樣的生活習慣竟是立基於磨損的身體與置
換過的人工膝蓋上。是什麼樣的驅動力，才
能讓年過 80 的高齡長者，一次次走上以他年
紀來說本該辛苦甚至危險的坡道？

這些外地人眼中不必要、也無關乎經濟的勞動，實則隱含著地方生活的慣性，訴說著無法離海的日常。漁獲來去暢旺的年代，一家子乃至於全村子的生活都隨著漁事節奏而行。向海走去，或許是一種最熟悉的親族聯繫方式，即使景色與人事都隨時間而變，陡峭坡路卻依舊如故，記錄因漁事串起的移動軌跡。

▌背對海，坡道另一端連向村外，離村卻要等待

在戰地政務時期，天還未光的清晨，是施珠妹記憶中挑著漁獲前往塘岐販賣的時刻。那時候家家戶戶都打魚，即便因為婚姻而遷徙住處，也不過是從坡道中段嫁到了坡道頂端。協助家務漁務的責任不變，只多了丈夫在趕船出海前，幫忙將漁獲擔到迎著連外道路的家門口。

從港口往臨村塘岐方向前進，是一路向上不止歇的陡坡，7、80斤的漁獲剛從漁船下

來，旋即就上了橋仔婦女們的肩頭。男人出海捕魚、女人在岸上加工漁產或擔著漁獲去賣，漁村內男女分工的表象下，藏著舊時女性無法出海捕魚的慣例，橋仔婦女擔著扁擔的身影因此烙印在坡道上。

坡道上的移動，與戰地政務時期被軍令限制的時間斷點相連。除了出海捕魚需依照規定在指定時間、位置回航外，小島上村落間的移動也需管制。坡道出了村子，向左往塘岐、向右到芹壁，往塘岐的路上需要先通過莒光堡，若抵達此處時通行時間未到，則會被攔在莒光堡等待，時間到了才能放行。

一條坡道的兩端分別銜著海陸兩種村落對外的接口，重要性不言而喻。於是軍事基地鱗次櫛比地生長在坡道一側，路面也隨著軍隊的進駐從泥土地轉為水泥地，為地方生活帶來了不同的觸感——就好比戰地政務阻斷了與對岸的交流，挫敗了當地經濟，卻也帶來另一種應著軍隊而生的經濟模式。

■ 橋仔的溫柔是——給旅人的路刻意迂迴

來到今日的橋仔，村落入口便明白標示著汽機車如何分流，為了服務來訪的遊客，特意設置了另一條迂迴入村的機車道路，以免傷亡的意外再次發生。如此為遊客設想的道路規畫，體現了漁業沒落但觀光漸勝的情景。遊覽村落，雖然可以透過說明告示、旅遊指引等文字語彙明確地認識地景上的時光見證，然而，關於懸浮在空氣中的地方生活，常常只是旅客眼中過目即忘的風景，或是構築想像的線索。

若能以身體為媒介，感受過往生命經驗如何導引出人們在陡坡上行走的姿態，再去對比在地居民的日常，或許，就能探入刻印在坡道上的地方生活。

機車禁止

此處入村

橋仔村里一鑑事

相對於大部分農村的家庭
菜園慣以牲畜排泄物做肥
料,在傍海而生的橋仔,
以魚類內臟或蝦蟹堆肥更
加常見。

丟蝦蟹到土裡堆肥,
蓋上漁網防鳥偷吃

2
BODY

在漁村裡從一點農事

　　結束捕撈,漁船駛進橋仔名為「澳仔」的
澳口,橋仔村民熟練地肢解剛上岸的螃蟹,
以剪刀剔除內臟、蟹殼並蒐集成桶,準備帶
回田裡栽種農作物。這些經揀選而剩餘的廢
料,就是菜園的肥料。

撰文●蔡郁青‧攝影●安比

▌馬祖多只有薄薄的土壤，作物要足夠耐旱

橋仔地形地貌等自然條件，給予漁村發展的先天優勢，然而，農業卻反之受困於地質條件。綜觀整個馬祖列島，島嶼基盤由較不易風化的花崗岩、變質岩構成，加上風、

橋仔隨處可見以漁網覆蓋防鳥蟲的小型菜園。

浪的長期侵蝕，土壤層普遍淺薄、有機質含
量有限，早年以耐旱的地瓜與豆類為主要作
物。到了民國 45 年進入戰地政務時期，透
過「中國農村復興聯合委員會」（農復會）等
單位，政府有系統地補助經費、指導技術，
並自台灣引進種苗、肥料及農具等，居民才
開始種植各式蔬菜。

　　在整體地勢陡峭的北竿鄉當中，作為「產業」
的農事，發生在擁有平坦土地的坂里蔬菜專
業區；供應駐軍所需外，亦曾銷售至南竿、
東引等外島。民國 81 年終止戰地政務、實施
軍民分治後，當地農產受台灣進口蔬菜衝擊，

村民將整理過的下雜魚和蝦
蛄、螃蟹裝桶,準備提去菜園
堆肥。

現今以供應北竿全島官兵、住民為主。而坂
里之外,僅芹壁、塘岐尚有少許農地。

▋以海為田,陸上就以菜園經營小小農事

橋仔村適合漁業、不利農耕的天然環境,
造就村民以海為田的生存策略,然而漁村內
並非「無農事」。菜園大小不一地分布於家屋
旁、畸零地、花圃或居民稱之為「山上」的雷
山坡地,有時甚至不成「園」,簡單栽植於保
麗龍箱、冰箱等就地取材的廢棄容器中,也
是一方天地。某些田地上小規模地張起迷你

網室，材料是漁村必備的漁網，用以防範麻雀、白頭翁等野鳥啃食菜葉。

15 至 20 分鐘就能徒步繞完的村落中，肉眼可見的菜園大約 11 處；冬季菜園裡的「菜色」，不脫高麗菜、大白菜、地瓜葉、青江菜、白蘿蔔等葉菜及根莖類蔬菜，少數人家設有瓜棚，欲栽種絲瓜、冬瓜等夏季瓜果。青蔥、蒜苗、九層塔、辣椒等香料類植物，幾乎家家戶戶都種了其中二至三樣，可以想見住戶隨手拔取，清洗、切段後入菜的情景。

橋仔菜園的蔬菜皆以供應自家需求為主，進行買賣的僅有陳婆婆一戶，她種植的冬瓜以一斤 20 元不二價售予菜車，也種絲瓜、苦瓜，但她說：「苦瓜容易長蟲，不好賣。」基於市場考量，於是將賣相不好、品質不穩定的苦瓜從種植選項中淘汰。相較於生意的衡量，多數居民則是「想吃什麼就種什麼」，隨著家戶需求而變動。種籽多來自位於南竿的農會或自留種，產量除了供應一家所需，

還足夠分給街坊鄰居；當菜車的菜販碰不上船期或銷售太好而缺菜時，也會詢問居民是否能將蔬菜零售予他們，以補充貨源。

■「我們這裡的人都是把小魚放進土裡種。」

橋仔一帶四季皆有魚汛，遇見王水蓮的時候，她正在家門口生醃當季盛產的蝦蛄。王水蓮的大哥仍在捕魚，家就住在澳仔的白馬大王廟旁，每當漁船歸來，她便徒步前往澳仔幫忙整理漁獲。新鮮海產帶回家增添餐桌菜色，經濟價值低的下雜魚、體型太小或碎裂不完整的蝦蛄、螃蟹等則留著當作田裡的肥料。

關於如何栽植作物，王水蓮說：「我們這裡的人都是把小魚放進土裡種。」同時一面將剛處理好的黃姑魚內臟塞進她栽種辣椒的土裡，動作如同字面意涵般生猛。橋仔的土壤應該是如此被海養大的，這是地方的人豐

橋仔的土壤也被海養大、養肥。

富土壤肥分、創造田地的方式,也是長期與
海打交道的村民熟悉的技藝。

　　王水蓮目光投向澳仔的海面,眺望船的來
去,栽菜不會佔據她太多時間,她說:「有時
間就種一點,忙的話就放著。」她喜歡種菜,
田裡的高麗菜、苦菜、娃娃菜、大白菜和火龍

　果，少量多樣地分散種植；這些是種來給自家人吃的，不會計較成本。不需仰賴田地維持生計，但偶爾當菜車開來，王水蓮也會熱情吆喝，上前向客人推銷自己的小辣椒。賣出去當然開心，沒有人買也不灰心，平淡看待買賣，順勢而為的姿態如同她與農事的關係。

　　對大多數橋仔村民而言，相對於人生離不開的海，農事是「有時間再做的事」。不論種植或買賣，人與田的關係寬鬆，海帶來的物產滋養了土地，土地種出來的蔬果餵養著人；而種植的勞動本身，則像是一種陪伴，陪伴村民渡過在北竿島的日常。

　　「我大哥回來了！」語畢，王水蓮放下採收到一半的九層塔，再度走向漁獲滿載的漁船。

橋仔村里一鑑事

駕駛菜車超過十年的曹美雲，車上除精挑細選的食材外，還備有一份包含王傑、鄧麗君等7、80年代金曲的歌單。

滿載空運、舶來的食材，沿路放送老歌金曲

3

BODY

跟著橋仔菜車環北竿島

「那只是一場遊戲一場夢……」懷舊歌曲從菜車音響傳遞至北竿島的大街小巷，街上的依母、依嬤聞歌而動，陸續向歌聲響起的地方走去，菜販招攬著生意：「阿姨今天要買什麼？」、「阿珍（化名）這是妳訂的貨！」

撰文●邱筠．攝影●安比

　　一台停駐在塘岐中山路上的小貨車，陳列著島嶼所需的生鮮蔬果、海鮮、肉類、熟食……吸引北竿鄉親聚集挑菜，這一站的人流散去，買賣交易止息。沿著蜿蜒的島嶼道路，行動菜市場一路行駛，沿著北竿海岸線、山線各村、各澳口巡迴叫賣，這一條每日巡迴的行動菜車路程，行經已超過十年。

■ 沿著海、駛進山的定點路線，貨送到府也沒問題

　　駕駛菜車的菜販曹美雲，每天完成倉庫搬貨、揀貨等菜車的整理工作後，9 點半至 10 點從居住的橋仔村出發，開著滿載生鮮的菜車上行陡峭的環島北路，抵達北竿塘岐村的中山路。稍微停駐延攬生意後，再沿著山線駛往午沙、上村、坂里等村落，車子開到白沙村已約莫中午 12 點，做完生意，繼續沿著海線白沙、芹壁，返回到橋仔，結束上午的菜車例行日程。

菜車傍晚停靠於塘岐村熱鬧的街上，磅秤一擺，就地營業。

　　稍事休息，午後繼續補貨、上架，再度開
往塘岐村，提供地方人們晚餐前食材的最後補
貨機會，並依序停靠訂貨人的居所——有些地
方的人甚至用通訊軟體、電話訂購，菜車也
隨叫隨到。直到家戶的飯菜香陸續飄揚，菜
車歌聲戛然而止，駛回橋仔村的菜車，仍持

曹美雲菜車上的蔬果多由基隆進貨，料理食材一應俱全。

續著處理物流貨運、收購地方小農蔬果、盤點、整理、清潔、上架的工作。

北竿的市場買賣聚集在塘岐的惠民市場，島上兵力曾經是市場大宗經濟來源，隨著精實案① 後兵力縮減，傳統市場生意逐漸沒落，走入歷史。原本在台灣工廠工作，結婚嫁來橋仔之後，剛好遇到北竿市場沒落，島上不再有固定買菜的地方，曹美雲決定做些小本生意，將小貨車改裝為菜車。她巡迴各村成為民眾可就近買菜的行動市場，化身民眾因生意顧店、職業婦女上下班限制，難以特地前往市場的解決方案，甚至還能為特殊需求引進貨物。

如何維持食材多樣化及保持新鮮，一直是菜車營運的重點之一。隨著台灣和馬祖之間

① 民國86年至90年間推動的裁軍法案，目標為「精簡高層、充實基層」，兩次實施後，全馬祖駐軍由鼎盛的近5萬人降至3、4,000人。島嶼軍人人數銳減，影響馬祖仰賴軍人消費的維生來源。曾為北竿軍民共用的惠民市場沒落，建築空間在民國102年轉為塘岐村活動中心。

船運進口更為方便，菜車食材直接從基隆進
貨，配合交通船期，一週約進貨兩次，不只
家庭常用的料理食材一應俱全，甚至也能訂
購特殊食材。在地農民栽種的蔬果也經由菜
車兜售，如冬季北竿坂里三寶的高麗菜、大
白菜、白蘿蔔，因馬祖溫度低而鮮甜脆口，
在農曆年前是曹美雲菜車的暢銷商品，在地
人甚至會搶購寄送給台灣親友。

▌移動菜車上的熱門商品，
一路換乘不同交通工具而來

　菜車提供居民三餐生活所需，不同季節也
各有熱銷商品。馬祖的冬季寒冷，動輒十度
以下，火鍋是每個家庭的首選料理，火鍋料
與肉片就賣得特別好；而夏季是島嶼的觀光
旺季，不僅小吃店、餐廳業者會採購辛香配
料與飯後水果，連觀光客也會來光顧，新鮮
果物自然成為炎熱島嶼的明星商品。

　為了避免「賣來賣去都是這些東西」，冬至、清明、端午、中秋等過節時段，曹美雲的菜車也會引進台灣市場的烤雞、烤鴨等熟食，減輕地方婦女們祭拜備菜的壓力。

　馬祖的食材都自島外換乘車、船、飛機等多樣交通工具才「移動」來到島上。然而近年來，除了船運費外，裝卸費等零零總總的成本皆持續上漲，加上季節保鮮、海象不佳時的運輸困境，一再考驗馬祖菜車的營運。

　菜車經營不僅要花大量時間搬運貨、整理收購的食材，更要因地制宜發展出謀生技巧。如夏季天氣熱，貨運過程中食材就保存不易，壞掉的常比賣掉的多，考驗選貨與銷售技巧；冬季時因浪大海象不佳，停航 10 至 20 天是家常便飯，貨運難以順利抵達，則挑戰經營者管理貨物、食材囤貨及利用設備保存的功力。在離島經營菜車，也等同靠天、靠海吃飯的行業。

　當島嶼的便利商店也開始販售生鮮食材、居民開始團購採買物品、地方生鮮店面開啟，

身為菜車經營業者的曹美雲也稱吃不消，不斷思考著因應時代轉型與改行的下一步。

▌膾炙人口的選歌如選菜

「我比較喜歡聽老歌，時下的年輕歌我不愛聽，聽老歌比較有感情。」菜販曹美雲說自己偏愛聽 70 與 80 年的老歌，因此菜車也播放這些經典名曲。當王傑、鄧麗君的歌聲響起，引起地方鄉親共鳴的歌，連帶讓地方人情味、懷舊的情感記憶響徹島嶼雲霄。選歌的品味體現販售貨物的品味，也要對應到島民挑菜的品

味；既符合島嶼經典與家常，也是了解地方
需求後，所揀選出餐桌上歷久不衰的備品。

對馬祖的鄉親而言，居住在橋仔的菜車商
販不僅是運載生活所需，還有依島嶼特性、
配合生活歷史變化的親民服務。在買菜同時
互相攀談與交換地方情報，積累不變的深厚

曹美雲最近喜歡播放的歌曲是〈可可托海的牧羊人〉，講述一位海
上男子所歷經的心碎戀情。

情感;一村又一村,載滿琳瑯滿目食材的菜車,駛向難以移動的島民,爲情誼與故事交換不斷穿梭在島嶼路上。

而過去鼎盛一時的橋仔漁村聚落,隨時代發展而民宿林立,轉爲觀光產業發展。在橋仔開設民宿的年輕人常與遊客分享從村落出發的「菜車文化」,並藉由烤肉活動,讓客人等菜車「買菜」,體驗移動的生鮮超市。這項島上「隨傳(call)隨到」與深入島嶼各處的菜車,轉而變爲另類的獨特體驗。

菜車打造出親切與客製化代訂服務,以及爲了島上人們移動的「服務商機」,是擺脫馬祖物資配送不便利中的便捷,也是菜車至今在島上屹立不搖,持續在時代變遷中發展出的獨特島嶼生活文化。

> **橘仔村里一鑑事**
>
> 海邊散步很浪漫，但偶爾將望向海的眼光轉到腳邊，或許能撿到從元朝穿越時空「飄洋過海」而來的歷史碎片。

海邊散步撿到……
真的是時代碎片！

4
BODY

隨海水沖刷上岸的島嶼史拼圖

當漫步於橘仔的沙灘上，遠眺黃岐半島，徜徉於碧海、藍天與石屋美景時，若留意腳邊，或許可以發現到一些碎瓷片，上面裝飾著形色各異的花紋。請注意！那可能是由大海傳遞而來，關於馬祖島上的歷史拼圖。

撰文●廖伯豪·攝影●安比、廖伯豪（P.133、135）、劉怡青（P.126、132 右）

　　橋仔所面向的海域，不僅是豐饒的漁場、是熱絡的貿易海路，也是貢使來華的外交之門①，更是古代中國面向外洋的海疆前

註

① 趙金勇、陸泰龍、洪婕憶，〈從馬祖列島灘岸考古調查發現芻探宋元時期中琉航線〉，《文化資產保存學刊》，2020 年 6 月，52 期，頁 31-33。

線。雜沓於汪洋上的船隻,各自航向自己的
去處。因此潮起潮落的海水,不僅帶來豐富
的漁獲,潮水褪去時,遺留在沙灘上的各色
碎瓷片,透露著在這片海上往來的不僅是漁
獲,還有各個時代所使用的生活器皿,是關
於這座島嶼與海洋的生活痕跡。

青花瓷器見證海上貿易輝煌

這些花樣琳瑯的破片,串聯起馬祖海上及
島上人群活動的時空脈絡。不同時代的碗盤
碟等器型最常見,種類有南宋時期同安窯系
生產的青瓷、青白瓷,也有清代德化窯生產
的青花瓷,其彩繪隨興、質地粗獷不加修飾
特徵,皆透露其作為原鄉福建人們日常的餐
飲用器。

橋仔沙灘上俯拾即是清代至戰後的陶瓷器碎片，宛如一片片馬祖歷史時空拼圖。

其中南宋福建同安窯系生產的茶碗，也是日本茶道的著名唐物「珠光青瓷」，其灰青的釉色及篦紋裝飾（貓搔紋）成為茶道師追捧的樸質美感，在亞洲茶文化扮演重要角色。另有明清時期江西景德鎮所生產的青花茶杯，更是外銷國際的熱門商品，搖身歐洲莊園別墅的壁櫥及下午茶中不可或缺的主角，在中西文化交流中閃耀光芒。馬祖的海灘上，讓我們見證眼前這片海域連通東亞海上貿易的繁忙，曾經於不同朝代製作的各式瓷器，皆透過這條航道風靡於世界各地。

沙灘上的陶甕碎片也有更近代的台灣公賣局酒甕，而當年由原鄉閩粵地區攜來的褐釉硬陶甕，則多被拿來種植物。

▋甕缸是由對岸隨行而來的嫁妝

　　來到更近代，沙灘上的破片中也有來自
閩粵地區窯口所生產的褐釉硬陶甕缸。這些
陶片與島上石屋前後的完整甕缸，串聯起自
大海來的人群從沙灘登陸，最後落地生根於

這片島嶼的發展歷程，亦是醞釀馬祖百年鹹味與酒香的關鍵法寶。過去甕缸為梅花長樂婦女遠嫁來馬祖的隨行嫁妝，原鄉的印記如同上面的紋飾，深深拍印在肩部，在此重新開啟屬於陶器自己的生命史。老婦說道，器口大的可以用來醃魚、器口小的可釀酒；嘴裡講的是陶器原本裝盛儲藏的功能，但封存的，是維繫生活與故鄉的好味道。

隨著時代的變遷，甕缸也用於陳設或植栽，裝飾著馬祖石屋垣牆外的門面，在街頭巷弄中，堆疊出屬於馬祖聚落特有的古樸風情。我們更可以在橋仔村的五間排古厝牆面中，看到這破碎的甕缸陶片並未隨著毀壞而遭到廢棄，而是成為加固牆基的重要建材。

▌苗栗公賣局酒甕、鶯歌與北投窯碗盤也現蹤

進入戰地政務時期，兩岸的物資交流受到嚴密的管制，致使陶瓷用品轉由台灣引進，

五間排內用以加固建
築牆基的甕缸陶片。

因此海灘上的破片也可以看到來自台灣的產
品。如戰地政務委員會為禁絕島上居民私釀
酒的風氣,民國 45 年先於南竿成立中興酒
廠,生產「高粱酒」及「馬祖老酒」,供應島上
軍民日常所需。② 民國 49 年 12 月另於橋仔
設立分廠③ ,除增加「老酒」的產量,亦減低

註

② 不著撰人,〈中興酒廠 提高品質 增加生產 獲得好評〉,《馬祖日報》,
  1959 年 2 月 25 日。
③ 不著撰人,〈中興酒廠北竿分廠 定十六日正式成立 預計月產老酒將達萬
  斤〉,《馬祖日報》,1960 年 12 月 12 日。

南北竿間酒品運輸的成本。橋仔分廠的設置大幅提升馬祖老酒的產量,其由連江本地製酒師傅親手釀造更是品質保證。 ④

　　至此,釀製家鄉味成為被制約活動,而裝酒的容器已是台灣苗栗地區所燒製的公賣局酒甕,唯有家戶的廚房後院,或許還保留私房的原鄉滋味。不僅是酒甕,來自鶯歌與北投窯區所生產的胭脂釉、水藍釉與青花彩繪碗盤,乃至一籮筐訂燒的魚露瓶,皆為飲食生活增添更豐富的色彩,也因為戰地政務時期的時局轉變,成為馬祖人餐桌上的新日常。

　　每當拾起一片陶瓷片,宛如尋得一塊關於馬祖歷史的拼圖,拼湊出島嶼與海洋的繁華往事。若有機會,請別錯過如此閱讀島嶼的方式,但在體驗過後,切勿將拼圖帶走,讓下一位體驗者也能有機會循此軌跡認識馬祖。

註

④　不著撰人,〈中興酒廠北竿分廠簡介〉,《馬祖日報》,1961 年 12 月 27 日。

⑥

神明　是　好鄰居

GODGOD

攝影●安比

GODGOD

這個小小村落共有八間廟，
散步於村內，你會驚嘆：「這裡怎麼也有一間？」
橋仔的廟小巧而精緻，
神像零零總總加起來卻有兩百多尊，還曾神比人多。
討海生活者，總與信仰比鄰而居。

一村就有八間廟！
神也歷經
飄洋過海移民潮

GOD 「廟村」橋仔的虔誠信仰與扛乩文化

撰文●陳英豪・攝影●安比、陳英豪（P.146、149）

橋仔村里一鑑事

號稱「廟村」的橋
仔內有八間廟，其
中以統稱為「三合
殿」的玄天上帝、
靈台公、玄壇公「三
廟一體」建築最為
特色。

　　馬祖列島因地理位置與良好漁場，即便在
明、清兩代施行海禁政策期間，仍吸引福建
沿海居民冒險前來搭寮掛網捕魚及貿易，同
時也帶來了原鄉的信仰與文化。「因為冬季
毛（無）海討，心想欲出橋仔山；船伶裝了
就起身，橋仔澳地值千金；大澳帝爺元帥廟，
澳仔玄帝大王宮」——流傳於清末民初的〈梅
花漁民出山詩〉，珍貴口傳道出橋仔的特殊
之處，以及當時對橋仔四座廟宇的認識。

玄天上帝廟內有一塊「乾隆六年感應杯譜圖」，求籤方式特別，是
以杯筊三次擲到的「聖陽陰」排列組合對應籤詩。

今日的橋仔境內（不計大坵島）共有八座廟，神像多達 200 餘尊，〈梅花漁民出山詩〉中的「大澳帝爺」便是五靈公廟，相傳分香自長樂厚福曹朱村天仙府，廟內錨型鐵鐘上有「天仙府」字樣，為劉姓弟子於道光庚子年所獻；「元帥廟」是白馬尊王廟，一說是水流屍成神，另一說則具有本境大王的神格，專領亡魂走向人生下個階段；「澳仔玄帝」是玄天上帝廟，廟內有吳航梅東弟子林開遠喜捨的「乾隆六年感應杯譜匾」，若追溯橋仔村黃炎倖、黃鵬武兩位耆老的原鄉，其香火來自長樂金鋒上張；「大王宮」則是白馬大王廟，廟內有道光乙巳年周道振喜捨的石香爐，據稱香火來自福州鼓山鱔溪的白馬孚佑王祖廟。

隨人離鄉，神明也有「移民潮」

對早年在馬祖生活的島民而言，往返馬祖與福建家鄉是件稀鬆平常的事，他們可謂是

今日流行「二地居」的早期代言人。但隨 20
世紀的戰亂影響，部分馬祖人被迫留在海的
另一端，這種流散造成與原鄉的連結、記憶
有了斷裂，使得今日在追尋信仰的歷史來源
難有線索。但與此同時，橋仔村也迎來「神
明移民潮」，如正乙玄壇的玄壇公、林女帥
宮的林女帥、靈台公的周大人，原都是由村
民恭請回家或安置大廟內的海漂神像，近年
再由信徒集資爲祂們興建專祀的廟宇。

清頭溪五靈公廟內除了五福大帝外，還供有許多陪祀神。

　　另一波橋仔村的神明移民潮，則是與橋仔
人口外流有所連動。在馬祖戰地政務時期人
口推力的影響下，許多馬祖人於民國 60 年代
以後選擇到台灣發展；以橋仔村的戶口資料
為例，人口從民國 58 年的 924 人，到 75 年
滑落到僅剩不到 200 人，許多村民家中供奉
的神像並未跟著到台灣，這些神像也在此時
被聚落的廟宇接納成為了陪祀神。近年網路

相熟的廟宇之間，雙方扛乩的神轎會緊緊相靠並在原地打轉，隨著現場氣氛沸騰，神轎會更快速的繞圈圈打轉而分不開（民國 109 年攝於北竿坂里）。

註

① 扛乩：馬祖人四人一組抬著降有神靈的撢轎，求神以解困惑的行為稱為扛乩。

媒體常以「神比人多」來形容橋仔村，經粗略統計，民國 110 年橋仔八座廟宇內各式神像的確至少達 210 尊之譜。

▎燃香擲筊杯之外，還以扛乩來與神對話

據現有相關資料，早年馬祖人與神的溝通，除以香祝禱外，就是透過擲筊杯，或由神明代言人——「僮子」、「寶馬」，也就是台灣慣稱的乩童來傳達神明的意旨。而今日可說是馬祖信仰文化代表的「扛乩」①，據信晚至 20 世紀初，才由北竿塘岐蕭王府發展出來。

塘岐玉封蕭王府廟的香火，是位名周吓猴（猴彥）者從泉州富美宮分靈而來。周吓猴居惠安縣，塘岐同興社長老指出周姓先人以捕蝦皮為業，每逢魚汛就前來馬祖列島。直到宣統元年，周吓猴與族親決定遷居北竿，

並將原鄉所祀富美宮之神佛新雕金身崇祀於周吓蒙宅中，以扛乩濟世靈驗。此種人神溝通的方式，日後漸擴散到北竿其他廟宇。

扛乩的進行，由四位乩將（乩腳、轎腳）請神上轎，神明透過靈動轎身於神桌上書寫文字或符號，再由資深乩將所擔任的桌頭來解讀，藉此與信眾、社友②溝通。據信扛乩的神轎最初是以竹椅充當，後來才使用木頭製作。而近年在號稱「廟村」的橋仔村內，大小廟宇紛紛發起到中國尋找祖廟的進香活動，找尋的方法，村民都聲稱是由神明乩示。當村民踏上返鄉之旅時，他們都相當訝異沿路所見的道路、地標、景色，與神明所指示皆一一吻合。

其中橋仔村裡的阿南境，是全村唯一由閩南人移居形成的聚落，近年也由黃德官於退休後率先返鄉，推動聚落的步道整理及社區

註

② 馬祖習慣稱廟宇為廟社，參與廟宇事務運作的成員就稱為「社友」。

橋仔清頭溪五靈公廟的乩轎與乩將們。

營造。他發願要讓更多阿南境的老鄰居搬回老家，不讓此地只有他一家人伴著境主田都元帥。隨著馬祖藍眼淚觀光的大力推廣，北竿也以擺暝③文化復振吸引文化觀光的人潮。

　　無論是扛乩的神轎靈動，或是廟裡的擺暝吃福，信仰不僅串接起歷史與文化傳承，更重要的是促使人與人之間集體記憶的共享，對橋仔的眾多神明與居民來說，當年的異鄉早已是彼此相依相榮的家園。

③　擺暝：擺暝來自閩東語（bā-màng），音近「ㄅㄝˇㄇㄤˋ」，擺指陳列、暝是夜晚，代表擺放供品整晚以供奉神明，通常在元宵節前後展開系列儀式，對馬祖人而言，擺暝常是「元宵」的同義詞。

廟之外，
山腰上還有道場

撰文●劉宏文

　　在橋仔漁村村口下坡處拐入一條兩側栽種櫻花的山徑，路的盡頭是一座爬滿蔓藤的簡約山門，再往裡探，赫然出現一棟廟宇型式的建築。欄杆、斗拱與八卦窗皆仿古制，大門上緣一塊白玉大理石鑲刻「懷恩堂」三字，行草挺拔秀麗，我看了一下落款人：「斗凌居士」。友人說，這裡是橋仔老村長陳雄飛先生砌建的道場。

　　陳雄飛說，他年輕時便在橋仔玄天上帝廟扛乩，而且是排在第二乩位的主將。遇有鄉親問事，桌頭焚香祭拜，神明一旦附身乩轎，他很容易便能感應神明的旨意，身體不由自主搖擺舞動，好像有一道神聖莊嚴的靈氣在體內流動。

　　扛乩通常持續一、二小時，身體雖然疲累，但卻覺得神清氣爽，滿心歡喜。一方面幫助問事者求得滿意結果，另一方面好像受到神明照應，心神都得到慰藉。

　　從那時開始，他在出海捕魚以外的時間，每天必會抽出時間，盤腿端姿，調氣凝神，練習靜思打坐。他請教高明，同時悉心閱讀修身養性方面

的書籍，漸漸有所體會。除了身體更為精實強健，在精、氣、神的修為上，自己覺得更為精進與提升。

陳雄飛說，他一生捕魚，賺錢養家，而今兒女皆已獨立，他有更多時間思考、探索，從少年時代開始一直縈繞心中，有關天界、人界與冥界的問題。他深深覺得心性修為對於自己的重大意義，他也希望周邊的親友跟他有一樣的體會。

民國78年，陳雄飛發願在白石山起建道場，不論主建築物的形構，還是修行精舍、或者庭園方位，以及亭閣樓台與小橋流水的配置，甚至花草樹木的種植；處處可見他對陰陽五行的體會，他對河圖洛書與太極八卦的理解與想像。

陳雄飛說，從他的道場俯瞰大坵、高登以及更遠處綿延不絕的山勢，更能感知人在宇宙大地與蒼茫世界的渺小與有限。從億萬年的過去到現在，再往不知何所終止的未來。人的三魂七魄如飄瀁無羈的一絲氣息，惶惶不知所終。

他的修行，不為成佛，不為成道，只求世事清明，魂魄安定，無憂自在游走三界人生。

臘肉真空包取代整頭豬，把神的祝福寄到台灣

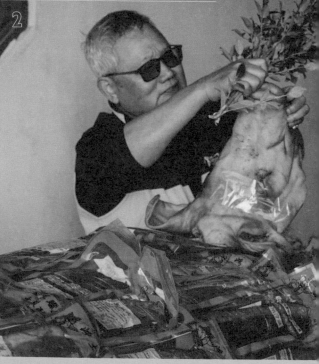

撰文●洪綉雅．攝影● 洪綉雅（P.152、153、156、158、161）、

橋仔村里一鑑事

以往供品拜整頭生豬，一村八間廟就有八隻全豬！現在改拜臘肉真空包，要寄給移居台灣的親友、分享祝福也就更方便了。

擺暝，是神明放假和神「友」相聚的時刻①，也是村民又忙碌又享受假期的傳統節日。全村大小集體動員的元宵活動，是留在村子裡的人們，對旅外的鄉親傳達「我們有把村子照顧好，請放心在外打拼」，這般心意的展現。

不只是這兩、三年來，返鄉人數受疫情

註

① 類似台南廟宇之間的「交陪境」，馬祖廟宇間也會藉由擺暝遶境，讓神明互相到對方「家」作客、拜會。

原典創思規劃顧問有限公司（P.157）、安比

影響而減少，元宵擺暝熱鬧的程度，和民國
70 年代以前相比，相差甚多。即便如此，
橋仔人與時俱進用著各種新方式，讓舊傳統
持續運作下去……

分豬，共享神的祝福也確認社群關係

無論是台灣本島或馬祖，豬肉始終是宗教
活動裡重要的祭祀物。馬祖擺暝的供桌上，
一間廟至少會有一隻全豬，包含整付內臟、

豬血塊以及網油鋪在背身上,並且放上一把刀、些許鹽巴,代表一整套奉獻給神的心意。去年(民國111年),村裡的廟宇卻看不到全豬,取而代之的是以鐵架覆上臘肉,做成全豬的外型,僅有頭部、尾巴和內臟部位,仍使用生豬肉。

擺暝前夕,準備工作馬不停蹄展開。以往,最重要的工作之一,便是向台灣廠商下訂祭祀豬隻的數量,豬隻價格卻年年攀升。「今年一隻豬就破萬,一萬二了。」廟裡的工作人員這麼說。但是,這是要獻給神明的,即使漲價也不能省。這些費用由「社友」集體出資,因此,祭祀後豬肉理當由社友均分,如何分配部位,傳統做法是以抽籤來決定。

這些參與抽籤的人,也就是平常維持廟務運作的團隊,即使住在同村內,也可能因為參與的廟社不同,而屬於不同社友圈。尤其橋仔一村八廟的盛況,在馬祖相當少見。「一間廟至少要拜一隻豬,橋仔村才多少人,

分不完。」三合殿前主委陳尚飛點出生豬祭
祀的傳統，近幾年在村子裡所面臨的困境。

▌神明也想試試看新方法

來自八間廟宇「神的祝福」，對於人口數逐
年下滑的橋仔而言，負擔不少，但家家戶戶
都有冷凍庫，保存倒也不成難事。困難的是，
懂得如何殺豬、分豬的老人家年事漸高，「沒

每年擺暝最重要的工作之一就是準備供品，一間廟至少要拜一隻全豬。

有年輕人願意殺豬」，社友施珠妹一語點出
問題所在。祭拜完百斤重的生豬無人懂得如
何處理，才是關鍵。聽聞鄰村早已改用臘肉
真空包取代，村裡的人也蠢蠢欲動……

　　祭拜完的臘肉，不但不需分切，連包裝的
步驟都省了，兩三人就能完成後續的寄送工
作。台灣送來的臘肉，又輾轉寄到台灣鄉親
手上。藉由一塊臘肉，讓居住在不同地點的

食福宴也是擺暝活動的重頭戲，於桃園飯店工作的林水晶這幾年會特地請假返回馬祖，為故鄉親友料理豐富菜色。

橋仔人，一期一會地感受到彼此「關係」。那麼，為何橋仔村遲至去年才初次嘗試呢？

改變傳統作法要取得人、神的共識並不容易，前主委陳尚飛認為，不要輕易更動傳統，多次請示神明也未獲得同意。「以前神明說不可以改。」社友施珠妹分享人與神協商過程的轉折，是至新主委接任後持續嘗試與神「溝通」，才終於獲得許肯。神明指示先由玄壇公廟試辦，玄天上帝跟著比照辦理。在神明旨意之下，原先不能改變的傳統，「先試試看再說吧！」──彷彿神明這麼思考著這件祭祀的重要大事。

台灣來的女廚師和台馬風味的食福宴

元宵擺暝的晚上，重頭戲莫過於熱鬧的「食福宴」，以往多由村裡婦女們操刀，多年來出場菜色必定有幾道馬祖經典菜餚，少不了的是鰻魚、黃魚，也一定要以紅糟、老酒調

味。食福宴的重點不在於大家就席而坐，而是一杯杯老酒下肚後的笑談之間。

這一兩年，村裡準備食福宴的社區廚房裡，悄悄地多了些平時不常見的食材。

「我向飯店請幾天假，早早向廠商訂好食材，直接寄來橋仔，我只需要人到就好，很輕鬆。」橋仔出身的大廚林水晶，開出來的菜單多是台灣辦桌常見菜色，龍蝦冷盤、佛跳牆、蒲燒鯛米糕、豬肋排，也有幾樣馬祖人愛吃的鮸魚，和福州菜少不了俗稱「太平宴」的燕餃魚丸。她說：「想讓鄉親吃點馬祖比較少見的。」但家鄉味也不能少——這是她早年從橋仔移居桃園時，飲食上最辛苦的經驗——沒有家鄉味的新故鄉，蝦油魚露的味道、老酒紅糟的香氣，通通不在生活中。

再回到橋仔，她已是一名獨當一面的飯店大廚，日常也已習慣台灣的飲食喜好。忙碌的廚房桌上，一付剛取下的烏魚子，她神色緊張地跟大夥說：「這要留給我吃，我喜歡

林水晶為吃福（食福宴）
設計的菜單，除了馬祖家
鄉味也加入了台灣辦桌常
見的菜色。

吃烏魚子。」其他人面面相覷、不動聲色。
「馬祖人愛吃烏魚肉、不愛吃烏魚子，和台
灣人相反，通常烏魚子取下後都當肥料或是
丟掉。」她是去台灣生活以後才開始會吃烏
魚子。

　　從台灣遠赴而來的女大廚，為橋仔村帶來
不一樣的食福宴，游刃有餘地在台灣和馬祖
的口味之間，變化出一桌為鄉親而做的佳
餚。橋仔的一期一會──人與人、人與神，
藉由臘肉，也藉由女大廚手藝，有了當代不
一樣的新詮釋。

「小孩版本」的擺暝，
有離鄉後
才響起的鼓板聲

GOD 自小參與廟事，是馬祖人的身分認同養成公式

撰文●邱筠‧攝影●邱筠（P.162、165、168、170上）、安比

橋仔村里一鑑事

馬祖特有的特殊造
型燈籠「風燈」,
常於元宵節和結婚
等節日喜慶出現,
有平安與「添丁」
的寓意。

　　紅燈籠、黃燈籠懸掛島嶼天際,燈籠環繞
著廟宇。神明遊行隊伍打道回府後,聚在廟
埕的大人、小孩,隨手拾起樂器,組裝出一
支行雲流水的鼓板隊。穿插其中的技法,展
現各自時代痕跡的奏樂。

　　打鼓板是馬祖人從小被賦予的第一項任
務,也是接觸廟宇文化的開始。年初四後,
村裡的小孩搶著樂器,你拿鑼、我拿鼓,在
廟前學習演奏鼓板,敲響馬祖的冬夜。

■ 迎神會香「互尬鼓板」，
是馬祖小孩別具意義的一刻

在北竿，幾乎每個小孩都曾為神明奏樂。
當塘岐廟前開始練習鼓板樂，我一路從幼稚
園巴望到小學快畢業，終於等到可以選樂器
那天。搶到演奏大鼓，和童年的玩伴將遊樂
場化身為鼓板訓練場，廟中耆老手把手示範
敲奏蕭王府的鼓板，看似懵懂記下節奏，其
實早在島嶼環境音旁聽過千百回。

我從小住在以軍人需求消費而聚集的塘岐
村，每逢元宵節才回到橋仔村的「下南境」。
這個源自父族根系所屬的橋仔聚落，曾是北
竿島數一數二的大漁村，不同族群分佈在橋
仔的八個聚落（牛欄裡、下南境、南面山、
山尾、大坪頂、店頭下、澳仔、大澳裡），
而後又伴隨村境漁業沒落，人口大量外移他
村與遷台。然而，我卻從未聽聞橋仔廟宇鼓
板樂，直至曾在塘岐長大的橋仔後代，加入

同有閩南淵源的塘岐蕭王府鼓板隊。重新復
興的鼓板聲，再度振動著橋仔灣澳，當神轎
環島北竿各廟會香，橋仔的孩子們沿路相
伴，敲奏著屬於村子的節奏。

在馬祖，廟宇具有族群辨識的意涵。鼓板
樂是先民遷移馬祖後，發展出在地各聚落、廟
宇的打擊樂，從鼓譜的變化顯示地方文化區域
的差異。鼓板敲響的不僅是技藝，也等同演
奏所屬的族群血脈、地域淵源；敲擊不同鼓

譜節奏，是彰顯神明的榮耀與成就慶典的浩瀚人心。而擺暝對馬祖小孩別具意義的那一刻，必定是排進遶境隊伍為神明奏樂、在迎神會香時巧遇不同村廟的鼓板隊，兩軍相交「互尬鼓板」之時。兩幫人馬為各自的村廟獻技，鼓動整個島嶼成為立體環繞的鼓板競技場。

鼓板擾動慶典張力，伴隨鞭炮聲與遊行陣穿梭各村大街小巷，就是多數馬祖的節慶印象。

召喚鄉愁的擺暝

返鄉後我回到母校教書，課堂中和學生分享「擺暝」從原鄉落土到馬祖，是廟因應島嶼發展的節慶習俗，學生才驚奇地問：「台灣的元宵節不是擺暝嗎？」

我也曾有這樣的驚奇。高中畢業前往台灣求學的第一個元宵節，不再是看迎神遶境、參與敲鑼打鼓，而是賞燈。這才體認到台灣與馬祖文化的區別，並在不同族群文化接觸中

認知——原來擺暝是專屬馬祖人認同的習俗。

擺暝等同馬祖的意象，召喚出隱含在島嶼彼岸所遭逢的語言隔閡、生活經驗差異，甚至孤立無援的處境。地方集體動員共同籌辦擺暝的火光，映照出異鄉遊子的失根，「擺暝」成為馬祖人心上的鄉愁，也是獨特的自身歸屬，亦促成遊子每年返鄉、探究習以為常的習俗，拼湊得到閩東文化共同體生成的解答。

馬祖人的認同養成公式：
小時敲鼓板、長大扛神轎

課桌椅底部插上掃把，四人扛起椅子左右前後搖擺，筆筒先當燭台香火——從小同班男生在打掃時間超前「預習」。他們想像自己是抬神轎的乩將，懷抱著「小時敲鼓板、長大扛神轎」的自我期許，而每到擺暝，扛乩的爸爸與叔伯，與擔任神明「桌頭」翻譯神旨的爺爺，都成了北竿島男孩們的偶像。

北竿塘岐村蕭王府廣場前參與廟事的耆老。

擺暝活動的鼓板隊由當地小孩組成，於島上行走奏樂，身為馬祖人的身分認同以此傳承。

馬祖擺暝是全島動員的盛事。孩提時代從鼓板隊參與廟宇文化，後則傳承漁業社會性別分工；男性成年後晉升爲扛轎乩將，女性則成爲遊行隊伍提花籃與仙女角色，或在家協助拈香迎神、籌備供品。代代相傳的擺暝文化記憶，促使馬祖人學習廟宇的習俗、地方文化的歷史演變，更強化節慶的知識與凝聚力。

從敲鼓板開始參與遶境隊伍，成爲地方廟宇文化、宗族體系的一份子，正是啟蒙地方認同歷久不衰的養成公式。

馬祖小孩從擊出鼓板的第一聲，建立群體共同的互動與學習，透過一代一代傳承的公共參與，維護群體最重要的「擺暝」。從幼童時期背誦的鼓譜，一字一句模擬樂器狀聲詞的閩東語，仿若身分的召喚詞，打擊出自主發聲的文化認同。讓流傳在島嶼上震撼人心的敲奏，隨著祭祀香火、人神共騰的景象，持續敲出故鄉土地的脈動。

圖解橋仔廟事

整理撰文●傅世元、洪綉雅・攝影●安比

各廟神尊數量▸

玄天上帝廟	32 尊
五靈公廟	42 尊
白馬尊王廟	14 尊
探花府田元帥廟	19 尊
正乙玄壇公廟	26 尊
山西靈台公廟	36 尊
上惠女帥宮	27 尊
白馬大王廟	14 尊

馬祖四鄉五島、共 22 個村落當中約有 72 座廟宇,而橋仔一村便占八間,且神明多達 200 多尊,是個名符其實的廟村。

可直通海邊!

三合殿 ▸ 海景第一排的三廟一體

居民習慣以「三合殿」統稱玄天上帝廟、靈台公廟與玄壇公廟，三座廟同處一處的特色吸引目光，且相當接近海岸線，沿著靈台公廟階梯往下，可直通海邊。

封火山牆 ▸ 閩東特有廟宇造型

又稱風火牆，有預防火災蔓延的功能，造型看似魟魚張開腹鰭，或是相連的「人人」形。牆體略高於廟，多由耐火的灰泥或石磚組成，並包裹著作為支撐的木柱。這樣的造型也常見於中國閩東地區，十分不同於台灣本島廟宇屋頂的設計。

玄天上帝廟 ▸ 二樓還藏祕密空間

戰地政務時期，廟宇年久毀損，遂由駐紮當地的陸軍北高指揮所和在地居民合作重建，並設立石碑，為寺廟留下位居邊疆的戰地記憶。此外，今日玄天上帝廟的部分空間與劉宅廳堂重疊，欲上香祝禱還得先經由木梯爬至二樓。

玄天上帝感應杯譜 ▸
用排列組合擲筊得籤

乾隆 6 年（西元 1741）的玄天上帝感應杯譜區，為全北竿鄉紀年歷史第二悠久的文物。相傳橋仔玄天上帝的香火，是明末移民從長樂金峰上張玄天上帝廟所分爐而來，杯譜區證明當時廟已有一定規模，並非石板小廟。

女帥宮▶求子保生的女身神像

廟裡主祀的林女帥神像，原為海漂神
像，民國 49 年漂流到橋仔海邊，村
民拾起後供奉於玄天上帝廟，民國
90 年始建本廟。因為女身神像，求
子保生相當靈驗，旅台的鄉親也會特
地前來求子。

清頭溪五靈公▶以尋遺失物著稱

五福大帝廟門開向背海面向清頭溪，
在多面朝大海的橋仔寺廟群當中，顯
得相當獨特。廟前的清頭溪水源充
沛，早期漁民多至此取水或清洗捕蝦
皮的大網，興建水壩以後，溪流遭攔
截而逐漸枯竭。據當地居民說法，此
廟以尋找遺失物著稱。

探花府田元帥廟▶
南人的守護神

位於阿南境的田元帥廟，主祀田都元
帥。興建年代不詳，民國 60 年代因
橋仔人口大量外移，人去、廟也年久
失修，一度荒廢。民國 81 年，由軍
民協力修復重建。

白馬尊王廟 ▶
這間廟也拜白馬大王

和其他廟宇外觀極為不同，阿南境的白馬尊王廟於民國 87 年翻修，外牆為磁磚裝飾，計有 14 尊神像。其中位於正中位置的 2 尊主神，分別為白馬大王與白馬夫人，廟裡神像於民國 111 年委由匠師進行修復工作。

白馬大王廟 ▶
最臨港口的守護神

白馬尊王是馬祖最普遍的信仰系統，廟裡存有一只落款「白馬王 道光乙巳年」的石香爐，約建於清道光 25 年（西元 1845 年），最近一次翻修時間為民國 63 年。此廟的白馬大王又稱為澳仔大王，和村內位於南面山的白馬尊王廟做區別。

註

白馬大王是馬祖最常見，也是神格最高的神祇，共有 13 間主祀白馬大王的廟宇，光是橋仔村就佔了兩間。南竿七間，北竿三間，莒光二間，東引一間。

❼

痕跡

TRACE

土地記憶的戰地政務時期

攝影●安比

　　作為戰地前線，橋仔也保留下許
多戰爭的痕跡。村落裡可發現國軍
花生仁湯空罐和殘破的國旗，定睛
看，還有藏身於山壁上的軍事碉堡
和荒煙蔓草中的地下防空洞。走到
海邊，巨岩上一顆顆土丘黏著碎玻
璃，是當年用以防範俗稱水鬼的蛙
兵，密集程度令人觸目驚心。

⑧

此曾仍在的　人們

PEOPLE

攝影●陳世偉

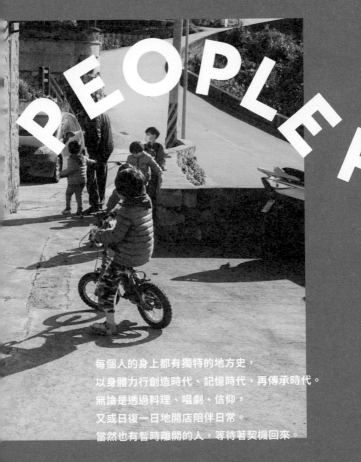

每個人的身上都有獨特的地方史，
以身體力行創造時代、記憶時代，再傳承時代。
無論是透過料理、唱劇、信仰，
又或日復一日地開店陪伴日常。
當然也有暫時離開的人，等待著契機回來。

住著的人

1
PEOPLE

王水蓮
爭取出海自由的第一位女性

「指揮官，你完蛋了，她是全村最會游泳的女生。」船老大曹百達笑笑地對著面色鐵青的司令官說道，為了前往高登巡視守軍，指揮官可是起了個大早，沒想到卻在岸邊被一群娘子軍截住，只因為她們要一個能夠出海的資格。

撰文●林欣楷・攝影●安比

■傳統與國家的雙重管制

在民國 50 年代，為了捕魚，還有當地盛產的蝦皮，橋仔村曾經是一個聚集了上千人的村落，人人幾乎都以海為業。出海捕魚的、在潮間帶撿拾貝類的、在魚寮加工蝦皮的，配合不同的漁期，每個人幾乎都有活忙碌，但那個年頭，人們有一個習以為常的慣例——女性無法出海捕魚，更理所當然的不能申請漁民證。

30 歲那年王水蓮的丈夫出海捕魚沒再回來，她便獨立扶養五個孩子長大。

在橋仔的生活之中，出海捕魚一向被認為是
男性的工作，女性的工作是在岸上的魚寮替漁產
加工或者潮間帶間討泏，大坵島附近一帶水域
的婦女更被馬祖人認為是最擅長游泳的女性。

王水蓮出生於橋仔，在 18 歲時嫁到復興村，
後來為了扶養孩子又與丈夫搬回橋仔村捕魚
為生，但沒料到在 30 歲那年，丈夫出海後再
也沒回來，也讓家庭的生計更加艱困。

為了照顧五個孩子，當時橋仔有任何需要
人手的工作，都可以見到王水蓮穿梭其間，
比如探蚵、編網、製作魚丸。「村裡的事什麼
都做」，這句話可以說是王水蓮人生的最佳寫
照，唯獨跟著大哥出海捕魚這件事，是怎麼
也沒辦法的。

民國 68 年，中美建交，連帶使中共宣布停
止炮擊金馬，兩岸軍事對峙的情勢稍見舒緩，
連帶也讓民間的軍事管制出現鬆綁的可能，
進而在民眾向軍隊、政府陳情或要求放寬管
制的時候，有了因地制宜的彈性。

■「為了活下去，什麼都敢做。」

王水蓮回想起攔阻指揮官的過程，不免仍然覺得好笑，「那時候我丈夫剛過世，爲了活下去，什麼都敢做，我膽子大，就去攔指揮官了。」因此趁著指揮官在橋仔碼頭準備搭乘交通船的時候，將他攔下。

由於在申請漁民證的時候，村裡的幹部已經同意要爲其申辦，但在申請許久仍未有下文的情況下，等同碰上軟釘子。因此王水蓮率領一群同樣需要出海的婦女，在碼頭直接攔下

王水蓮一個下午都在整理野生麥蔥，村裡的事她什麼都做，也都能做。

指揮官，請他給一個女性不能出海的理由。

「因為女性不會游泳，為了安全考量不能讓你們出海。」

「既然如此，那就請你跟我一起跳下海裡，如果我會游泳，你就要給我漁民證。」

一旁開交通船的曹百達也是橋仔人，長期協助軍方運補高登、亮島兩座離島，因此成為軍隊相當信賴的民間人士，為此他在橋仔廣場旁的家中還設有一支軍方的專線，隨時聯繫他出海作業。

面對被村中婦女們圍堵的指揮官，曹百達

此時也開口幫村裡的鄰居們說話；當年《鐵達尼號》還沒有上映，王水蓮不是蘿拉，指揮官更不是傑克，哪有一起跳海的道理？因此在相持一陣之後，面色鐵青的指揮官只好悻悻然地下船，從橋仔碼頭一路在眾人的簇擁下，緩緩爬上碼頭到廣場的斜坡，接通曹百達家中的軍線，向有關人員交辦漁民證的事情。

　　隔天，王水蓮的漁民證發下來了，是橋仔，也是馬祖第一位女性拿到漁民證，在當年可是破天荒的創舉，從此之後為了養活孩子，跟著大哥出海、打魚、賣魚成為王水蓮的日常，辛苦地拉拔孩子長大。

▌昔日奮力爭取自由，如今卻少出海了

　　「後來也沒有常常出去啦，有需要的時候

註

① 曹雅評，〈捕魚好苦啊！戰地政務體制下的馬祖漁業及漁民家庭處境〉，頁77。

才出去。」回憶拿到漁民證後的日子，其實在
當年漁源漸漸枯竭下，捕魚也沒有過去那麼
順利，王水蓮更多是和其他馬祖的婦女一樣
務農、照顧孩子以及前往市集販售漁貨①，
而出海捕魚也僅僅是必要時才會出去。

　　時至今日，橋仔村已經解除戰地政務數十
年，被暱稱為水蓮阿姨的王水蓮，孩子長大
成人之後各自紛飛，她則仍然在橋仔生活，
過著「村裡的事什麼都做」的日子——介紹傳
統美食、製作魚丸、魚麵、福州粽都是她的
拿手好戲，也從她的親身經驗，訴說橋仔數
十年來的故事。

　　從王水蓮爭取漁民證的故事可以看到，橋
仔村的漁民在戰地政務時期因為軍事管制，
失去出海的自由，也讓出海成為軍隊說了算
的權利。在捕魚為業的橋仔這不能不說是件
重要的事。

隨著兩岸漸漸風平浪靜的年代到來，雖然漁源早已枯竭，但是出海仍然是橋仔人心目中討生活的最佳場域。因時常在潮間帶討沰而擅長游泳的橋仔婦女，在這個當頭有了突破桎梏的機會，也成爲了戰地政務管制從嚴到鬆的見證人。

王水蓮

橋仔居民，以自身的人生軌跡演繹著橋仔的故事。由於年輕時家境較為艱辛，因此嘗試許多不同的工作幫忙貼補家用，「什麼都做」是王水蓮回憶過往時時常掛在嘴邊的一句話，捕魚、討沰、料理都難不倒她。今天，她成爲傳承馬祖傳統料理的重要報導人。

帶著神明離開的人

2

PEOPLE

陳寶俤
奉玄天上帝旨意遷往桃園的造船師

　　桃園八德的住宅區中，蜿蜒小巷裡藏著一間玄天上帝廟。怎麼樣也想不到，這裡的玄天上帝竟是從橋仔而來。

　　在探尋到這間廟之前，我們原想問的是：「橋仔有沒有造船廠？」而橋仔人對此提問反應不一。有人反問「怎麼可能」、一口咬定「沒

撰文●張有．攝影●安比．老照片提供●桃園玄天宮（P.193、200）

左／陳寶俤・右／王紫金

有那種規模」，也有幾個人點點頭，指的方
向都不一樣。總結在馬祖的調查，橋仔確實
可能曾經有一座造船廠，師傅名叫陳寶俤，
然而陳家已經搬走許多年了，造船廠及陳家
的位址都已經不復可見。

因此當站在玄天上帝廟前，與陳寶俤先生
的親人訪談，並見到陳寶俤的手稿、器具時，
感覺像是真正在找回過往。陳寶俤的兒子陳
添信如同寶盒一樣，把記憶中的橋仔一點點
翻開，與現在的橋仔緩緩疊合。

在國共衝突最激烈之時，前往午沙當造船學徒

陳寶俤的父母從福州長樂的鶴上鎮玉溪村
遷移往北竿，落腳在壁山上名為「三家莊」的
一個小聚落，搭起草屋，以務農、捕魚為業。
民國 40 年，陳寶俤娶午沙王家女兒王紫金為
妻，並從壁山三家莊遷居到面對著大澳底的
五間排。

　　婚後，陳寶俤先是抱養名叫煬楊的養子，接著大兒子陳尚忠出世，二兒子陳添信在民國 45 年出世；妻子務農供家用，而陳寶俤則在妻子、親家的鼓勵下前往午沙王家當學徒。民國 40 年代正是國共衝突最激烈之時，而到了陳添信出生的民國 45 年，整年約有 600 餘發炮彈降落在北竿，也正是那一年，馬祖開始實施戰地政務，宵禁、海禁等禁令成為橋仔的生活常態。

陳寶俤有精巧的造船工藝，連家具、神具木工也都自己來，椅子下刻著「元貞」為他的表字。

民國 69 年，陳家奉玄天上帝旨意，帶著神像離開橋仔遷居桃園。

▌「不論是舢舨、漁船、 甚至是軍方的運補船，父親都造得出來」

民國 50、60 年代，橋仔是蝦皮的重要產地之一。據陳添信回憶，當捕蝦皮的季節來臨，家家戶戶都在處理捕回的蝦皮，空氣中瀰漫蝦皮煮鹹的氣味，蝦皮有時過於大量只好擺到街上。陳寶俤自民國 47 年、48 年間數度前往台灣學習馬達船工法後，便在橋仔開業，名為「寶源號」，而橋仔村人也開始稱他為「寶俤師」、「寶俤叔」。無論是造新船、修理、保養船隻，橋仔村民都會請陳寶俤協助。陳添信回憶在夜間宵禁不得有燈火外漏的時代，家裡卻時常點燈，連夜間也要繼續趕工造船。

看著父親從原木中挑選龍骨、連接船架、把木材以麻繩絞出宛若魚的弧度來構成船殼，鑽出一個一個孔洞，深深的打入釘子，

再補上防水膠。過去沒有現代的電動工具，一切都是人工。

「不論是舢舨、漁船、甚至是軍方的運補船父親都造得出來。」陳添信對我說。

回想父親造船的時光，陳添信總會替父親做一些「小工」，有時是些簡單的木工、有時是收集木屑供母親生火。其中最令他印象深刻的是「敲防水膠」的工作，拿著原料桐油、棉絮、石灰倒進石臼裡面，然後用一根粗重的木棍敲擊混合，直到黏性出現。當船隻大功告成，由法師畫上眼睛，祈求能宛若在「水下視物」平安航行後，船東便會準備下水儀式，陳添信也會跟著父親前往，那時能吃到一些點心像是湯圓、或生活中少見的雞蛋。

■ 成為玄天上帝「站桌」，替人問事

除了造船師父的身分外，陳寶俤也是玄天上帝的「站桌」。民國 50 年代，玄天上帝託

為長期保存，陳家在布上復刻了一份原本謄寫於紙張的藥籤。

夢王紫金，委請她修繕廟宇，自此陳家供奉玄天上帝，而陳寶俤也在工餘替人問事、看病、抓藥。

民國 69 年，奉玄天上帝旨意，陳家在一個夜晚離開了北竿，前往桃園八德，從此定居。陳寶俤不再造船，但仍不時修繕製作家具、神明用具；手上用的仍然是那套陪伴他造船時光的工具。到了孩子長大皆已在外工作之後，陳寶俤便照顧孫子，並繼續替人問事、看病。玄天上帝廟在民國 91 年重新建廟，現今亦由陳家繼續經營。

當年橋仔村「寶源號」的所在地現今蓋起了高樓，曾經是村落重要港口的「大澳底」如今則築起堤防，已經無法再想像完工船隻從沙岸被推下水中的光景，三家莊更是已經成為蔓草，我們只能勉強辨識所在。當人們離開，景物就開始漫長的風化，但是在離開的人心裡面，那部分的風景持續轉變、生長。

陳寶佛

字元貞，祖籍福州長樂鶴上鎮玉溪村，家族遷移至北竿，娶午沙王家王紫金為妻，並前往王家學習造船。與玄天上帝緣自民國 50 年代，王紫金受托夢而修繕玄天上帝廟，自此陳家祭祀玄天上帝。民國 60 年代末，依玄天上帝指示，陳家搬遷至桃園八德，民國 91 年重新建廟，目前由子孫繼續經營。

回來的人

3

PEOPLE

黃炎炎
在桃園燙 20 幾年西裝，循海濤返鄉唱劇

　　橋仔碼頭，停泊著兩艘定置網漁組的小船，他們經常趁著退潮底、漲潮前的停流時，出海撈取困於定置網的魚蝦蟹。一日之中，只有船隻返港、鮮魚離岸時的約莫半小時，碼頭才會聚集協助整理或者聞訊來購買漁貨的人群。

撰文●謝仕淵・攝影●安比、馬振瀚（P.204）、洪綉雅（P.207）

　　幫忙整理漁獲的人，包括了一位 80 幾歲
的老者，他是一艘定置網船東的親戚，成家
後搬離碼頭旁的祖居之地，遷到村子裡最高
處、女帥宮旁另立新家。他總是杵著拐杖緩
步從斜坡而下、走向碼頭，協助船長分類出
可賣的魚貨，並且拿走不具經濟價值的小
魚。老者已無法下海，只能在碼頭旁投放兩
口蟹籠，等待自動上門的獵物，他年輕時也
曾捕魚，跟眾人合作捕蝦皮或延繩釣、甚至

黃炎炎已不再親自下海，但仍等待在港邊待船隻歸航，或投放兩口蟹
籠等待獵物自動上門。

去亮島潛水抓淡菜，但現在只有蟹籠的漁獲屬於自己。

熟稔漁村日常與海洋環境的老先生名爲黃炎炎，民國 25 年出生。他不是一輩子的漁人。黃家在民國 63 年舉家搬遷到桃園，黃炎炎在嘉裕西服工作，燙了 20 幾年西裝，民國 91 年退休後返回故鄉。離開與回來，黃家都跑在前頭。

黃家移民的旅程，是由黃炎炎的太太跟其兄妹開始的，目的是爲了工作與就學，一段時間後，黃炎炎的兒子從國小畢業，這才舉家遷移到桃園。這段中年離家打拼的歷程，除了看見一個家在另一個地方建造起另一個家的故事，更多的是對於故鄉的牽繫。他們身居桃園卻始終覺得馬祖才是故鄉，日常飲食習慣都還是魚丸與魚麵、老酒與紅糟，卽使是年幼就離開橋仔的黃炎炎的子女們，因爲馬祖的味道，而不斷記起自己身爲馬祖人的身分。

以福州戲曲唱紅北竿的地方明星

　　黃炎炎是在地報紙報導過的聞人，以詮釋福州戲曲聞名。年輕時自學福州戲曲，後來經常受邀在北竿各地登台演出，廟會、學校有時活動，都可看見黃炎炎的身影。那時的人們，應該認為「黃炎炎」，是明星的藝名吧！第一次拜訪時，黃炎炎像是無意，也似故意，說了自己有古書，是否願意看，大家登時眼睛亮了起來，於是拿出幾本福州戲曲唱本，衆人起閧下，先生唱了起來。

　　福州戲曲唱文故事讀來有趣，該是年輕熱血的情節，就不乏男女調情的橋段，也一定有分隔兩地的相思。這些故事在現實人生可能未曾經歷，但在說唱的世界裡，聲調揚抑，帶著故事的起伏，想必引人入勝。該是海洋的世界，人生的起伏，就依憑大海給的機遇，財富的失落與取得，悲苦與歡樂，都屬於命中注定。

　　他的唱腔依舊，村裡的阿姨盛讚其為唱劇高手，演繹劇本高超精準。但開刀後體力大減，

三十六朵好花 （朵唸呆）

一朵好花是紫荆·塘頭一集邱美人

名字春香十八岁·世界 無 双毛对戚

二朵好花眼莉頭·搞州锚艦到塘頭

看见春香生的好·日日思念在心頭

　　　　崔　　蘭
三朵好花碎美台·春香企口把言談

隔州人客請里坐·再你剝食食毛名

四朵好花日茶徵·春香目睭次出梨

　　風
分流要子石看见·四枝石軟人昏迷

　　　　　　荳蕚
五朵好花滿薔薇·春香做人世难尋

　斷
毋殺一日毛看见·一日思念十二辰

每遇訪客，黃炎炎興致來時，喜歡唱著福州戲曲，唱文中的男女情愛，經
常隔著大海。

唱完整齣「三十六朵好花」，經常氣喘噓噓。問起到了中壢後，還唱劇嗎？他說，打麻將時，如果三缺一，一人未到，他就唱給大家聽。那時舞台顯然小了許多。

黃炎炎退休後，毫不猶豫地回到橋仔，這次是他先回來，隨後太太與小孩跟著返鄉。他的小孩黃鵬銓，民國 51 年次，當年離開馬祖時才國小畢業，民國 91 年跟著父親返鄉，也將三個還在讀小學的孩子帶回橋仔。黃家沒有回來的家人，是在台灣結婚成家的女兒，她在桃園生活，黃炎炎經常寄送馬祖的魚、紫菜及魚丸、魚麵給住在中壢的女兒。女兒則常寄送雞豬、滷豬腳與牛肉等回家。家人相依表現在台馬生活養成飲食需求的相互寄送。

那些唱戲的雅興或者情愛的表達都跟太太有關

黃家返回橋仔，黃炎炎是因退休而返鄉，黃鵬銓則是嗅聞到北竿機場即將整修後的觀

光商機。20 餘年來，他靠著外送給阿兵哥
的飲食賺錢，或者因為觀光需求而開車當導
遊，甚至後來投資遊覽車，為每年曾達十萬
人以上的觀光客服務。如同黃鵬銓一般，近
年為了觀光經濟而回鄉，是許多人返馬主要
的理由。

　　黃家兩代都認為客居台灣終須返鄉，黃鵬
銓覺得：「北竿的水養分剛好，魚最好吃。」
在地海域所產的臭肚魚，黃炎炎甚至敢吃多
數人都敬謝不敏、充滿發酵藻味的魚肚內
臟。生活在橋仔，經常都能聽到風聲以及浪
擊海岸的聲響，但他們都說橋仔是個安靜的
地方。父子倆都有個讓自己與大海連結的理
由，好讓歸鄉成為必須。

　　十幾年來，黃炎炎開始重聽，但唱起戲曲
依然是鏗鏘有力。直到兩年前，結婚 60 幾年、
差了八歲的太太過世後，就很少唱劇了——
原來那些唱戲的雅興或者情愛的表達，都跟
太太有關。黃鵬銓說：「爸爸是很在乎媽媽的

人，當年決定移民到台灣，也是媽媽的想法。」
當年，屬於大海的男人，因為家人而成為工
廠裡手持熨斗的人。

　　回到橋仔的黃炎炎，每日緩慢步行於橋仔
聞名的那段斜坡上，一趟到碼頭 200 多公尺
的路，都要走上半小時。比起曾經離鄉 28
年的旅程，往返於碼頭之間，都是通往家的
路。黃炎炎雖不是一輩子的漁人，但橋仔的
大海，卻時刻召喚著他。

黃炎炎
馬祖當地以唱福州戲曲出名
的聞人，經常受邀在北竿各
地登台演出。民國 25 年出
生，年輕時曾四處捕蝦皮、
抓淡菜，至民國 63 年舉家搬
到桃園，在嘉裕西服燙了 20
年西裝，退休後才搬回橋仔
生活。

仍開著店的人

4

PEOPLE

錦豐雜貨一家
客廳就是店面，經營雜貨店等同經營生活

　　橋仔公車站牌佇立於村裡的中心，一處島上相對平坦的廣場。雖說是村裡中心，但在居民稀少的橋仔中依然顯得安靜，安靜得讓拍打上岸的浪聲和隨風襲來的海味倒更引人注意。在這個商業氣息似乎比海味淡些的村

撰文●黃美惠．攝影●安比、黃美惠（P.215、219、221 下）．老照片提供●錦豐雜貨（P.218、220）

錦豐雜貨內擺放整齊的商品架上，乍看之下品項並不多，但每樣的背後都牽動著村內各類人需求。

落中，錦豐雜貨悄悄運作著貼緊居民生活的營業步調。

　　進到店內，由左至右環視，依序是店家自用的收納架、冰櫃、放滿飲品的冰箱、擺放糖果餅乾的櫃台和商品架、各種包裝的馬祖高粱，接著是客廳——三張沙發和一台電視圍著茶几，店的正中央則放著一張大圓桌，一家人平時就坐在這裡用餐，客人來了便放下手中碗筷，招呼、結帳，然後又回到餐桌上。

　　以住家作為店面是雜貨店常見的經營型態，常常一扇門、一個樓梯便是店和家的分野——能隨時流暢地穿梭於兩個場域之中是雜貨店老闆的必備技能。在錦豐雜貨，店和家的界線被打破，或說是在住家中經營雜貨店的狀態。初次到訪的外地客可能會有些驚奇，但對老闆王玫金而言，做生意本就是為了生活，經營雜貨店便是經營生活的一部分。

從飲食部開到雜貨店，
包辦阿兵哥、工人再到觀光客的需求

　　婚後定居橋仔的王玫金，在孩子年幼時除了料理家務，也幫襯先生吳依錦的捕魚工作。吳依錦每日凌晨出海，上岸後由王玫金將整理好的漁獲挑去販賣。擔心坡陡吃力，吳依錦會先將沉甸甸的竹簍挑上坡，再由王玫金接力走幾個小時的路到塘岐的市場。說來辛苦，卻是當時許多橋仔女性的日程。

做生意這件事，則是從民國 70 年代頂下
萬香飲食部才開始加入她的生命中。幾年
後，王玫金一面延續飲食部原先的魚丸湯生
意，一面也嗅到島上軍民對雜貨商品的需
求，當時廣場上已開了一、二家雜貨店，她
在店內也擺起貨架，賣著餅乾、飲料及醬油、
米粉等簡單的食品。民國 81 年戰地政務解
除，馬祖開放觀光，店裡復加售馬祖高粱、
魷魚絲等觀光客喜歡的伴手禮。各式品項在
架上和諧地擺著，未加探問很難發現其中藏
著老闆精道的生意眼光和島上不同時期的生
活，一如店內現今家店重疊的狀況其實也和
橋仔的變遷息息相關。

生活和生意多重運轉的一家人

看著王玫金忙進忙出的身影，吳羽薇說：
「我媽就是閒不下來。」撤軍加上人口外移，
再到近年疫情導致的觀光蕭條，其他雜貨店

吳家人留存的舊照中可見店面最初的萬香飲食部招牌，和店外的洗衣機；另張老照片中除了老闆王玫金（左二），還有住在雜貨店對面的王水蓮（右一）。

紛紛關門，對於錦豐能持續經營，她以爲和母親耐得下性子、能夠長時間顧店、等待有關。不過，王玫金的等待從來不是靜態的，對待家務和店務，她的經營心法是同一套——妥善運籌時間，而這套心法也非她自有，吳家人都在這個多重的空間裡扮演多重角色。

作爲最小的女兒，幫忙做生意是吳羽薇和哥哥、姊姊們的年少回憶。婚後在新北的永和

生活了一段時間，吳羽薇幾年前帶著孩子回到
橋仔。自己的工作之外，她也輪替顧店、分擔
家務，讓爸媽能有餘裕休息或是開展其他生
意。現在的她不僅是女兒也是母親，需肩負教
養的責任，而兩老除了身分升級，也對女兒的
育兒給予許多後援。他們用家的力量運轉著雜
貨店生意，再用雜貨店支撐起家的生活。

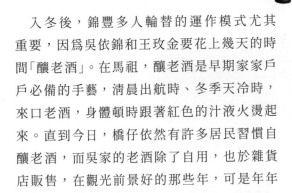

紅糟與老酒：在分離與等待中持續的商機

入冬後，錦豐多人輪替的運作模式尤其
重要，因為吳依錦和王玫金要花上幾天的時
間「釀老酒」。在馬祖，釀老酒是早期家家戶
戶必備的手藝，清晨出航時、冬季天冷時，
來口老酒，身體頓時跟著紅色的汁液火燙起
來。直到今日，橋仔依然有許多居民習慣自
釀老酒，而吳家的老酒除了自用，也於雜貨
店販售，在觀光前景好的那些年，可是年年
逾百斤的產量需求。

　　糯米蒸熟後放涼，半成人高的塑膠桶內放入紅麴，加水後再將冷卻的糯米投入，攪拌、捏散，蓋上蓋子，微留一小口，等待老酒在時間中釀成。吳依錦和王玫金或分工、或協力地重複這些動作，步驟間的等待並不空白，雜貨店的生意，菜園的收成，餐桌上的家常菜……在兩人的手中一一增色。

　　而後，發酵好的老酒和紅糟被妥善的分離，各自擺上貨架，像是曾經存在而又消逝的那些物品，持續為錦豐帶來商機與生機。

錦豐雜貨一家

年逾七旬的王玫金和吳依錦，現與女兒吳羽薇合力經營村內僅存的雜貨店——錦豐雜貨。在靈活的經營下，錦豐走過駐軍的繁盛、撤兵的蕭條、開放觀光的復興，再到疫情後的等待，即使幾經轉折，它仍是橋仔不可或缺的存在。

暫時離開的人

5

PEOPLE

林孟瑾
媽媽問：「妳待得住嗎？」卻從此拋下無形的錨

馬祖人常問彼此，什麼時候去台灣？「去台灣」成為日常聊天起手式，輕鬆得像是詢問這週末你要做什麼。

早期遷移到台灣是躲避戰爭、在漁業沒落時找到一份安全、穩定、能養家的工作，

撰文與照片提供●林孟瑾

離開是為了生存。現代遷移是為了探索，島
嶼有限的資源下，台灣本島提供更多生活方
式，成為另一種形式的「補給線」，以吸取更
多教育知識、發展多元專業，追尋馬祖既有
以外的產業發展或完善醫療資源。馬祖人的
遷移常態有著高度變動性，對著家人朋友說
再見時，每一次的角色都不同，而我現在是
暫時離開馬祖的人——然而起初，我其實完
全沒踏入過馬祖。

▌在吃食中定錨下內心的原鄉，初踏即決定待下

　　從小在台北長大，不懂方言，馬祖習性卻
依然扎根在飲食文化中——家人做的魚丸、
魚麵、紅糟清蒸魚、小老鼠（地瓜餃的一
種），總是餐餐有魚。在漁村長大的媽媽最
愛吃魚頭，稱那是魚的精華，看著她吃魚的
巧勁，從小我便學起來。唸國中時，在班上
分享紅糟清蒸魚的鮮甜口感，同學們臉上完
全沒有共鳴，此刻才發現，原來我跟大家不

一樣。民國 105 年我從廣告代理商辭職，當時媽媽返鄉在橋仔村重建祖厝已一段時間，我待在橋仔村數個月休息的日子中，重新找到生活的平衡，體驗到不同於繁華霓虹燈的夜色，沉醉於大自然隨意揮灑的晚霞。

數月後，我決定住下來。母親得知此決定後驚訝地問：「妳待得住嗎？要不要找好對象給妳？」興許母親太開心，都市長大的子女居然主動說要住在漁村生活。住在馬祖的日子，像是待在另一個國度，生活伴隨著強烈五感體驗，加上氣候季節性的差異，身心反饋體現著馬祖獨特的生活感。比如秋天家家製老酒處處聞著蒸糯米香；冬天冷冽的天氣降低馬祖人外出活動的慾望，在家吃著蝦蛄、螃蟹配酒取暖；春天面對霧季陰晴不定的氣候和班機，以及藍眼淚季節吸引大量遊客走訪，橋仔漁村也開始採收裙帶菜；夏天則有肥美的螺類及淡菜長大。每個季節的生活作息鮮明且自然地發生。

▋橋仔的生活——吃食內容不在自己，

自釀的老酒像驚喜包

　　住在漁村，吃什麼常常不是自己決定，偶爾會有驚喜，待在島上大量降低吃精緻食物的機會（除非嘴饞到隔壁塘岐村的便利商店），取而代之是「隔壁漁夫叔叔捕到什麼就吃什麼」，偶爾在早晨媽媽端一隻小螃蟹，說是叔叔清晨去海上的收穫，於是第一餐不是美而美或洪爺早餐，是一隻小螃蟹。當連續待在島上超過一個半月未返台時，在便利商店閒晃變成感受「城市感」唯一選擇，此時會無聊到觀察每一排的貨架，看看有什麼新的東西上架。

　　印象深刻，有一年漁民叔叔長期臥病在床的媽媽過世時，借用家裡後面平緩的空地搭起臨時的大爐，除了逝者之外，村裡的居民也會帶著元寶來燒給自己的祖先家人。那一個晚上，我待在房間裡面，窗外爐火照映在我的房間牆上，火光一閃一閃，集體思念過世家人

的意識，讓空氣帶著淡淡的感傷。住在漁村任何婚喪喜慶都好近好近，人跟人的互動和感情，像是在放大鏡之下擴張著無限延伸。

秋冬時，鄰居親戚們會互相分享今年製的老酒。這是一種紅麴和糯米發酵的酒，酒精濃度十幾度左右，因為比例、水質、存放環境氣溫等等因素造就家家都有不同的味道，存放越久酒感越濃厚。品嘗各家老酒是我的興趣，像是打開驚喜包，試過才知道是微酸清爽或酒感濃郁厚實，從裡面挑最滿意的一瓶來喝，同時對製酒者有另類的崇拜感，成為下次見面話題的起手式。島上居民互相分享老酒是種當地獨有的生

活方式,建立在個人人際網絡,朋友來作客時也會拿出來分享品嘗接著話家常,以酒會友。

▋離開,也可能是為回來暖身

不可置否的是,住在馬祖的日子讓人安逸,這在我的觀點中是雙面刃,於是每年設定目標以增進能力,讓自己更游刃有餘地生活在島上。利用每年冬天的旅遊淡季考取證照與精進外語,在疫情前轉行為國際領隊,專注在韓國旅遊市場,希望用更開闊的國際視角反思馬祖的觀光及文化產業。當我在釜山著

名的海東龍宮寺海岸邊，看著海浪一遍遍拍
打著沿岸的石頭，投射的是馬祖的濤聲和漁
村的鹹味；此時我很清楚，內心的錨依然定
在馬祖。居住、離開、回來、移動、暫時離
開，這些動態性不等同失去連結，有時候離
開是為追求更重要的人生意義，也可能是為
回來暖身——那無形的錨仍在而未改變過。

　　一年半後伴隨著疫情，在馬祖青年發展協
會夥伴的邀請之下，民國 109 年回到馬祖擔
任勝利堡（馬祖戰地文化博物館）導覽員，
與夥伴們一起投入馬祖軍事文化研究及博物
館經營管理，規劃並實踐戰地走讀活動。這
些經驗誘發我進一步學習的渴望，思考著如
何運用口述歷史、歷史文本等社區資料，透
過設計與規劃，讓資料轉變成開啟對話的機
會與空間。我帶著這些疑問和動機，暫時離
別島嶼，到台南學習文化創意產業相關知識
和探索古城。在研究所全英文教學的環境下，
身邊同學國籍五花八門，相互學習的同時，

亦分享彼此的文化。對我來說，推廣馬祖文化，成為 DNA 的一部分，既在地又國際。

從過去到現在，對於馬祖人來說，遷移是日常，是必要；沒有人能保證，這次是真正的留下或離開，秉持著開放的心情。當我是住著的人，張開雙手歡迎到來的人們，另一方面也開心祝福離開的人；當我是離開的人，擁抱著身邊珍視的親友，期待下一次回去。到時候，我相信會有很多張開的雙手迎接我，一起繼續為珍視的島嶼，付出貢獻。

林孟瑾
致力於推廣馬祖文化、旅遊，介於政府、教育學術團體、NGO、社區之間。目前就讀成功大學創意產業設計研究所碩士，同時為冉冉 29 guest house 經營者、馬祖深度旅遊規劃師，擁有國際領隊、國際導遊身分，長期為社區營造、地方創生一員。

⑨ 物件微觀地方

OBJECT

細究這些看似微不足道的小物件，
其實藏著專屬於橋仔的獨特故事脈絡。
一座離島，物資進出都不方便，
而衍生出一物多用的智慧，也為物創造第二生命。
眼見是平凡，卻都埋藏了意料之外。

攝影●安比、張玉佳（P. 239）、原典創思規劃顧問有限公司（P.236）

OBJECT

浮球

撰文・曾子容

　　漂浮於海中的浮球，作為漁民生財工具，陪著橋仔走過漁業興盛的時期，並在式微後，從沒落的漁村中開展了第二生命，搖身一變成為家屋外的裝置藝術、郵箱，或者是遊樂玩具。這些浮球的用途被改變了，往後也將承載漁村的生命記憶，以另一種身分延續下去。

衣架上的鰻魚乾

　　海風吹拂的馬祖島，常見居民捨棄衣架，改用繩索繞結來晾曬衣物，風吹也不掉。衣架在這裡自有他用──在陽光底下將剖半的魚片曬成乾。馬祖海域常見的大鰻魚，除了用來打魚丸、做魚麵或是醃紅糟，也可曬至八成乾。魚乾或煮或滷，也可乾煎單作下酒菜，味比魷魚乾。

撰文・洪綉雅

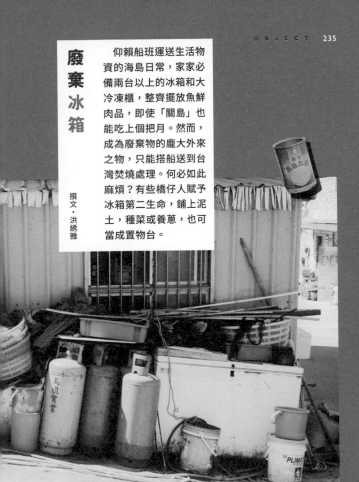

廢棄冰箱

撰文・洪綉雅

仰賴船班運送生活物資的海島日常，家家必備兩台以上的冰箱和大冷凍櫃，整齊擺放魚鮮肉品，即使「關島」也能吃上個把月。然而，成為廢棄物的龐大外來之物，只能搭船送到台灣焚燒處理。何必如此麻煩？有些橋仔人賦予冰箱第二生命，鋪上泥土，種菜或養蔥，也可當成置物台。

鐵工具

撰文・郭美君

　　依海而生的馬祖列島，以大海為冰箱，各式漁具和討沰工具是開啟冰箱的媒介。早期因為戰地交通管制，物資取得不易，就地取材、自製漁具、織網補網，成了漁村的日常。經年累月的身體記憶，練就漁人一身手作功夫和因地制宜的應變力。年輕時曾經參與建築工事的資深漁民黃鵬武，便將鋼筋巧手改裝，化身為討沰工具。

裝老酒的寶特瓶

　　馬祖人稱糯米和酒麴發酵而成的酒體為
「老酒」，天氣轉為寒冬之際，就是做老酒
之時。各家口味習慣不同，但有志一同的都
習慣用寶特瓶分裝。到了元宵擺暝時，正是
天冷熱鬧喝酒的好時候。給神明的供桌上、
親友團聚的食福宴桌上，一定會有寶特瓶或
舊酒瓶裝的自釀老酒。

撰文·洪綉雅

魚丸

馬祖魚丸通常以馬加魚製作，不過其實馬祖人更喜歡鮸魚魚丸的口感，但因價格高而少見。透過手打，或以水泥攪拌機，將去除內臟的魚肉打製成魚漿，加入太白粉與些許調味。捏製魚丸多年、富含經驗的手，將成形的魚漿捏入水中，待浮起後即可食用。與鮸魚丸較鬆較細緻的口感不同，馬加魚丸紮實有彈性，是不可錯過的橋仔美味。

撰文・蕭宇哲

桑 樹

　　民國 45 年到 81 年間，橋仔人因戰地政務措施，生活從原本的漁業模式轉變成勞工模式，最後轉型以觀光產業為主並維持至今。而桑樹的生命史，竟也與此脈絡相應。從最初給人食用的藥草，到如今成為梅花鹿的食物，販售給即將搭船前往大坵島的觀光客。桑樹見證了不同的社會背景下橋仔人的生活。

撰文・張玉佳

探花田都元帥中頭旗

阿南境聚落

野生麥蔥

☑ **阿南境聚落**
無人居住的傳統建築營造成散步小徑

☑ **探花田都元帥頭旗**
擺暝後暫置在阿南境廢墟倉庫裡的頭旗

☑ **野生麥蔥**
每個橋仔人都有一處採麥蔥的祕密基地

☑ **傳統石屋**
薜荔爬滿廢棄的石屋結構，充滿綠意

☑ **壓瓦石**
屋頂使用石磚壓瓦防風且保持透氣

PLUSPLUS

一些
祕密地方

壓瓦石

傳統石屋

PLUSPLU

鳥的3脂的足产

☑ 鳥的腳印
大小澳沙灘上常有貓、狗和鳥的清晰腳印
☑ 燒柴人家
山坡上依然使用柴燒熱水的一戶人家
☑ 香插
民居門口以水泥特別砌的造型香插
☑ 廢棄小學
橋仔曾有的唯一間小學廢棄後
成安檢所辦公室

燒柴人家

廢棄小學

香插

PLUSPLU

閱讀的
橋仔的
方法

北竿故事集

劉宏文／著·北竿鄉公所

以「煙雲往事」、「神明有聖」及「燈火平生」三主題展開北竿
在地奇聞與傳說故事,並部分收錄阮義忠拍攝馬祖之攝影作品。

馬祖日報

連江縣政府・每日出刊

由連江縣政府發行的日報，報導內容貼近
地方，尺度小卻包羅萬象。

聆聽神明：
橋仔漁村的故事

劉宏文／著・曹鈞偉／繪・連江縣政府文化處

由信仰與神靈出發，記錄不同時期橋
仔地方耆老的口傳故事。

誌於誌村之前
與之後

誌村鑑書系的第一本由離島村落開始。這是個
由本島出發必得經飛機或輪船才能抵達的地方,
無論對田野編採或鼓勵讀者走訪,都十分有挑戰
性。然而這段旅程,還是這麼開始了。

2021 年末,成功大學歷史系的謝仕淵老師帶
著十多位學生前往橋仔村,進行了五天四夜田野
實作。田野不是帶著新鮮眼光前往即可,踏入之
前即需備齊對地方的認識,與具有意識的提問。
這期間,很感謝《鄉音馬祖》的作者劉宏文老師
不但陪伴學生進行調查,也不辭辛勞到台南幫學

生上課，讓學生在與村民實際互動前，即能知曉馬祖作為第一線戰地的特殊社會經濟發展，以及橋仔漁村與中國沿岸互動關係。而台灣大學羅士傑老師、台北藝術大學黃貞燕老師亦分享他們領域研究成果，不同觀點下的馬祖與橋仔更充實團隊對這趟田野的想像。此外也感謝五間排主人王家順校長和多位村民多次受擾，慷慨分享他們記憶的獨特地方故事，甚至熱情地打開家門、邀請共食來自海的餽贈。

這趟田野行動與後續得留下紀錄，有賴成大規設學院「110 年度大專校院人文社會科學領域標竿計畫－藝術學計畫」，以及文化部補助連江縣政府文化處委託原典創思規劃顧問公司執行的「110-111 年度連江縣博物館及地方文化館運籌機制暨協作平臺計畫」、「110 年連江縣社區營造中心輔導計畫」資源協助。

此書的製作與出版，是成大「島嶼生業與飲食文化策展實作課程」的成果，也是上述團隊、前輩與村民的共同協力創造。而我們相信，正閱讀此書的你，也已成為了此番台灣村誌風景中的一員。

誌村鑑寫作隊

謝仕淵── 台師大歷史研究所博士。現任台南市文化局局長、成功大學歷史學系副教授。曾任臺史博副館長。在運動、物質與食物構成的世界中,一方面享受人生,同時分析社會。

劉宏文── 馬祖南竿珠螺人,台師大化學系畢業,彰師大科學教育博士。2009 年開始散文創作,書寫 4、50 年代在軍管戒嚴之下的海島故事。

郭美君── 教育背景,從城鄉規劃意外跨足博物館領域。關注人與環境,進入馬祖田野後,著迷於挖掘地方故事,在行動當中找出各種可能性。

林孟瑾── 致力於推廣馬祖文化、旅遊,介於政府、教育學術團體、NGO、社區之間。成功大學創產所碩班就讀中,長期為社造、地方創生的一員。

曹雅評 —— 高中畢業後，從馬祖到台灣念書，讀的是世新大學社發所。原在台北從事社工相關工作，返鄉後從事戰地文化推動工作。

邱筠 —— 土生土長馬祖北竿人。從事文字採集與文化調查的斜槓，希望挖掘島嶼文化，透過世代交流與培力，定錨馬祖文化認同。

馬振瀚 —— 興趣甚多，尤其好奇人間。喜歡聽人講故事，並從中探尋彼此對話的方式，和每一個我們與世界共存的可能。

洪綉雅 —— 研究飲食史，現為成功大學歷史學系碩班生。喜歡在田野調查中聽懂別人的故事，並且在別人的故事之中看到自己——生活就是田野。

曾子容 —— 誤打誤撞進入歷史系，成功大學歷史學系碩士生。雙魚浪漫性格，被歷史文化及地方人文關懷議題深深吸引。主修台灣史，尤其熱愛廟宇文化及民俗傳統。

蔡郁青 —— 歷史學學徒。就讀研究所期間開啟對台灣城鄉的好奇，持續練習以產業為支點，認識、貼近地方的事與人。

黃梓崴 —— 畢業並工作於國姓爺大學歷史學系，在生活間隙中當個快樂爬山人。喜歡探索歷史與體感的交會之處，讓身體經驗引領抵達文獻外的所在。

陳世偉 —— 外語跳槽到歷史，才領悟我的主修應該是吃。現為台師大台灣史研究所碩班生，從而開始亡羊補牢，研究「吃的」。

廖伯豪 —— 物質文化研究者，現為臺史博研究助理，絕對物癡，在生活與旅途中尋覓物件的歷史足跡，品味跨越時空、底蘊深厚的美麗畫面。

張銘洋 —— 嘉義人，現為台灣大學建築與城鄉研究所學生。喜歡透過閱讀、對談與行動摸索自身的困惑，還在學習無論解答與否，都從過程好好感受。

蕭宇哲 —— 地方博物館領域見習中，看遍館舍在不同土地上紮根、生存的樣子，希望從中發掘博物館之於社會的多元面向，也期許能探尋自己在其中扮演的角色 —— Museum is Life.

楊若彤 —— 生於台北，大學在府城讀歷史，工作時常到馬祖。喜歡到處走跳，在移動和停留、對話與沉澱間，思考更深、更寬闊。

張玉佳——成功大學歷史學系畢業，熱衷於社會文化史，現為中學歷史老師。喜歡透過物品背後的故事，來瞭解其歷史背景與環境，從不一樣的角度認識歷史。

林欣楷——現為成功大學歷史學系博士生。認為每個無法說話的族群都應該要有發聲的機會，著有《我們的足球夢》一書。

陳英豪——老家南投，現居澎湖，自認為博物館人。常把旅遊當成田野調查，田野調查當成生活，現為成功大學歷史系博士生。

張有——歷史系畢業。最近發現長大很弔詭，有時候學會的要忘掉、喜歡的要放手、得到了好像不如沒有得到，但是長大也好。

黃美惠——碩班畢業後跨入博物館領域的中文人，現為成功大學歷史學系專案企劃。近年關注雜貨店，經由交易牽起人與地方的雜貨店，是貼近生活的博物館。

傅世元——研究伊斯蘭，原成功大學歷史學系碩班生，現休學中，摸爬滾打地尋找靠歷史吃飯的方法。

LOOK for *Village* ❶ ──────── 橋仔村

作　者	謝仕淵、劉宏文、郭美君、林孟瑾、曹雅評、邱　筠、馬振瀚、洪綉雅、曾子容、蔡郁青、黃梓崴、陳世偉、廖伯豪、張銘洋、蕭宇哲、楊若彤、張玉佳、林欣楷、陳英豪、張　有、黃美惠、傅世元

出　版	裏路文化有限公司
發　行	遠足文化事業股份有限公司
社　長	郭重興
主　編	董淨瑋
執行編輯	劉怡青
封面設計	安　比
內頁設計	安　比
攝　影	安　比、邱　筠、馬振瀚、洪綉雅、陳世偉、廖伯豪、張銘洋、張玉佳、陳英豪、黃美惠、林孟瑾、原典創思規劃顧問有限公司

地　址	新北市新店區民權路 108-3 號 8 樓
電　話	02-2218-1417
傳　真	02-2218-8057
信　箱	service@bookrep.com.tw
客服專線	0800-221-029

出版日期	2023 年 6 月 · 初版
定　價	330 元

Printed in Taiwan 著作權所有 · 翻印必究

特別感謝	姜伙生、王家順、黃鵬武、黃中仁、陳尚飛、黃炎炎、施珠妹、王水蓮、曹美雲、黃德官、林水晶、陳添信、陳宗仁、黃鵬銓、王玫金、吳依錦、吳羽薇

照片提供	桃園玄天宮（P.193、200）、錦豐雜貨（P.218、220）

馬祖橋仔村/謝仕淵,劉宏文,郭美君,林孟瑾,曹雅評,邱筠,馬振瀚,洪綉雅,曾子容,蔡郁青,黃梓崴,陳世偉,廖伯豪,張銘洋,蕭宇哲,楊若彤,張玉佳,林欣楷,陳英豪,張有,黃美惠,傅世元作. -- 初版. -- 新北市：裏路文化有限公司出版：遠足文化事業股份有限公司發行, 2023.06
256 面；10.5*14.5 公分. -- (誌村鑑；1)
ISBN 978-626-96475-3-8(平裝)

1.CST: 人文地理 2.CST: 歷史 3.CST: 旅遊文學 4.CST: 連江縣

673.19/137.4　　　　　　　　　　112005592